U0622403

北京印刷学院基本经费科研专项"我国出版企业社会责任报告研究"项目资助（项目批准号：20190116005/005）

我国出版企业社会责任报告研究

韩生华／著

人民出版社

责任编辑:安新文
封面设计:徐　晖
责仟校对:张红霞

图书在版编目(CIP)数据

我国出版企业社会责任报告研究/韩生华 著. - 北京:人民出版社,
　2017.3
ISBN 978 - 7 - 01 - 017488 - 4

Ⅰ.①我…　Ⅱ.①韩…　Ⅲ.①出版业-企业责任-社会责任-研究报告-
　中国　Ⅳ.①G239.2

中国版本图书馆 CIP 数据核字(2017)第 053221 号

我国出版企业社会责任报告研究
WOGUO CHUBAN QIYE SHEHUI ZEREN BAOGAO YANJIU

韩生华　著

人民出版社 出版发行
(100706　北京市东城区隆福寺街 99 号)

北京中科印刷有限公司印刷　新华书店经销

2017 年 3 月第 1 版　2017 年 3 月北京第 1 次印刷
开本:710 毫米×1000 毫米 1/16　印张:8.25
字数:88 千字

ISBN 978 - 7 - 01 - 017488 - 4　定价:22.00 元

邮购地址 100706　北京市东城区隆福寺街 99 号
人民东方图书销售中心　电话 (010)65250042　65289539

目　　录

前　言 *

　　2016 年 7 月，我开始着手关于我国出版企业社会责任报告现状课题的研究，查阅了大量关于企业社会责任方面的资料。8 月，当看到第五届韬奋出版人才高端论坛征文启事后，几经思考，撰写了题为《社会责任与韬奋精神——也谈出版社履行社会责任与人才成长的互动关系》一文，该文经评选获得一等奖。

　　文中主要阐述了这样一个观点：在市场经济环境下，对既有意识形态属性又有产业属性的出版企业来说，既要把社会效益放在首位，又要实现社会效益和经济效益相统一，积极履行企业社会责任是保持企业生命力、活力和实现可持续发展的正确选择。出版企业最重要的资源是编辑人才，最核心的竞争力也是编辑人才，因此，出版企业要把肩负的社会责任牢记心间，紧紧依靠大批具有韬奋精神的出版编辑人才多为人类提供传世之作；与此同时，优秀的、具有强烈社会责任感的出版编辑人才也是出版企业在践行社

---

　　* 本文节选自《社会责任与韬奋精神——也谈出版社履行社会责任与人才成长的互动关系》。该文在 2016 年 11 月 5 日举行的"第五届韬奋出版人才高端论坛征文评选活动"中荣获一等奖。

会责任的过程中逐步培养和造就出来的。

本文是我所做的出版企业社会责任报告课题的阶段性成果，在写作和研究过程中，我走访了社会责任研究方面有成就的专家，参加了有关社会责任内容的专门培训，深入出版企业进行调研论证，因此对出版企业社会责任及人才成长的关系也有了一些初步研究。我认为，社会责任理论框架下对出版企业的要求不能仅仅以追求利益最大化为目的，而是要关注企业在发展过程中对经济、环境、社会造成的影响以及是否能做到可持续发展。出版企业不同于其他行业的企业，生产的是特殊的文化产品，为读者提供的"精神食粮"虽不能"入口"却能"入眼、入脑、入心"。有社会责任的出版企业一定要经受住各种考验和诱惑，要为人类提供承载文明成果的精品并使其流芳百世。如果出版企业唯利是图，只从经济利益出发，为赚钱而生产内容低俗或毫无价值的垃圾产品，不但会损毁出版企业形象和声誉、降低社会地位，还会对人类产生不可剔除的毒害。

在调研中我也发现，有些出版企业认为做过捐赠、慈善或者开展过公益活动企业就尽到了社会责任。这种认识过于肤浅。我认为，出版企业在做这些"好事"的基础上，还要把社会责任的理念贯穿到自身发展战略的实施当中，要站在更高的层次理解和认识国家的战略、行业的方向、企业的目标。因此，我在征文中阐述出版企业必须具有的社会责任至少体现在四个方面：

一要有正确的出版导向意识——对党和国家负责。党的十八大报告中提出，要扎实推进社会主义文化强国建设，即"提高国家文化软实力,发挥文化引领风尚、教育人民、服务社会、推动发展的作用"。出版企业是实施文化强国战略、建设社会主义核心价值体系、传播先进文化的主力军,发挥其在意识形态和社会影响力方面的作用,首先要坚持正确的导向,弘扬主旋律,传播正能量。出版企业只有坚守导向、挖掘特色,通过多种出版物传播健康向上的内容,在丰富人们精神需求的同时推进社会发展,才是有社会责任的表现。否则,在出版导向上发生错误或者出现偏差,就会与社会主义核心价值观背道而驰,误国害民。"导向正确,党和人民之福;导向错误,党和人民之祸。"这是出版业发展的实践得出的宝贵经验。优秀的出版企业必须要有文化定力,要勇于担当,要发挥引领读者的作用,为国家把好出版方向,让出版"文化航船"沿着正确的航线航行。

二要有传承创新优秀文化的意识——对广大读者负责。出版企业要把最好的精神食粮奉献给广大的读者,就必须不断提升生产优秀产品的能力,要调动各方面的资源、发挥多方面的优势挖掘创新古往今来文化的精髓,努力生产出传播当代中国价值观念、体现中华文化精神、反映中国人审美追求的优秀作品。要让读者享受到人类文明传承下来的文化精品;要用优秀的出版作品教育人、影响人、塑造人。只有与时俱进不断提升传承和创新优秀文化的能力,出版企业才能更多地承担起对社会、对广大读者负责的重任。

三要有可持续发展的意识——对环境负责。企业与环境的关系其实也是人与人、人与自然的关系。企业追求财富的过程中必然会产生资源消耗,会对自然环境造成或多或少的破坏。如何把这种损失降到最低,一方面需要法律的监管保障,另一方面也需要企业自我的道德约束。对出版企业而言,既要生产充满正能量的精神产品,不去破坏舆论软环境,又要节约使用环保纸张,采用节能印制技术,不去破坏自然硬环境;还要加强管理降低能耗,不去浪费社会资源。总之,出版企业在传承文化、创造文化、创新文化、发展文化的过程中,眼睛不能只看到钱,而是要与利益相关者形成共生共赢的关系,走绿色可持续发展的路子,同时还要传播绿色发展理念和知识,为社会绿色发展鼓与呼,这些都是履行社会责任的具体体现。

四要有培养可塑之才的意识——对员工负责。社会责任国际标准中明确提出企业必须要肩负起对其利益相关方——员工的责任。出版企业高度仰赖"电脑+人脑",员工大脑里储藏的智慧以及奉献事业的精神都是出版企业的核心资产和竞争优势。出版企业为员工尽责,就要想方设法保护员工的权利和利益诉求,同时还要充分发挥员工的聪明才智,不断提高员工的工作技能。出版企业为有培养价值的员工持续提供有针对性、高质量的培训,就如同对"设备"进行了一次次的技术升级。提升员工技能、挖掘员工潜力、激发员工责任感和使命感等,都是出版企业对员工负责的体现,也是履行社会责任的最高境界。员工素质高,出版企业才有向心力和凝聚力,也才会有核心竞争力和发展后劲。

与此同时,履行社会责任更有助于企业和员工共同成长。我在征文中阐述这一观点时认为:越是勇于承担社会责任的出版企业,收获的有形和无形回报越多,并且在践行社会责任的过程中,出版企业也借势培养和造就了一支有责任、有担当的优秀员工队伍。具体内容也分四个方面:

一、出版企业讲导向——员工懂政治。习近平总书记要求新闻舆论工作者增强政治家办报意识,在围绕中心、服务大局中找准坐标定位,牢记社会责任。这虽说是针对新闻媒体的,但对出版企业同样适用。在管理理念和生产实践中,严肃对待导向问题已成为众多出版企业的共识。导向责任是出版企业面临的最大的社会责任,履行好这份责任的同时,也会造就一支有政治素养的人才队伍。

二、出版企业创精品——员工懂敬业。出版企业为社会提供精品,是履行社会责任的直接体现。所谓精品,就是出版人用兢兢业业的敬业精神、精益求精的职业态度一点点打磨出来的高质量精神产品。这种产品内涵深刻又能满足读者需求,同时经济效益和社会效益俱佳。打造精品是出版企业的立社之本,更是出版企业履行社会责任最直接的方式。出版企业如果不把创精品当作一句口号,而是持之以恒地要求员工拿出工匠精神认真对待每一个产品的质量,不但能为人类提供传之久远的精品,更能让员工在平凡的工作岗位上获得荣誉感、成就感和使命感。事实上,创造的精品越多,越能证明这家出版企业的人才实力。

三、出版企业重绿色——员工懂环保。出版企业的绿色理念主要体现在两个方面:一方面,要看是否为员工提供了安全、环保的工作环境;另一方面,要看生产产品的过程中是否节能、低耗、环保。出版企业的生产过程虽不涉及高能耗、高污染，但生产活动对环境或多或少会产生影响。如果出版企业日常管理中注重节省一度电、少用一张纸等细节，同时还强调按需印刷、绿色印刷、减少库存、不生产垃圾产品等，都会从点点滴滴中强化员工的环保意识，甚至会改变其价值观和行为方式。

四、出版企业舍投入——员工懂成长。把员工培养成人才，还要把人才留下来，这取决于出版企业是否舍得投入。舍得为员工提供多元化、有针对性的培训，人员变成人才的速度就快；舍得在塑造企业形象、履行社会责任方面投入精力和财力，员工的社会责任感和荣誉感就强，出版企业的社会形象就好，就会吸引和留住更多的优秀人才。其实出版企业在履行社会责任方面的表现对人才的求职意愿也会产生显著的影响，进而影响到人才的职业抉择。

总之，出版企业发展依靠人，出版企业发展为了人，出版企业主动承担社会责任、出版人自觉履行社会责任，出版业的明天一定会更好！

绪　　论

一、研究缘起及我国出版企业的
社会责任实践历程

（一）研究缘起

我国文化体制改革正以前所未有的力度和步伐向前迈进,国有经营性文化单位已完成转企改制,正在按照现代企业制度的要求完善法人治理结构,重塑文化市场主体的战略目标正在变为现实。在此大背景下,作为文化产品生产者的出版企业需要在中国特色社会主义市场中找准自身定位,更加自觉地承担起应尽的社会责任。

出版行业的健康发展,关系到国家文化软实力的进一步体现。随着网络技术、数字信息化的快速发展,出版业因其特殊的行业属性面临诸多的机会与挑战,不仅要在激烈的市场竞争中保持稳定的生存和发展空间,还要承担起相应的社会责任,实现自身的可持续发展。

作为知识和信息的重要发布者与传播者,出版企业在保证信息客观真实、正确引领舆论导向、准确引导社会公众认知等方面肩负着重大的使命和责任。因此,出版企业不仅对内要努力提升盈利性与成长性,以确保实现可持续发展;对外还要注重品牌塑造和公益性,以树立良好的社会形象,承担相应的社会责任。

2015 年 9 月 15 日,中央办公厅、国务院办公厅联合发布《关于推动国有文化企业把社会效益放在首位、实现社会效益和经济效益相统一的指导意见》,要求国有文化企业"坚守社会责任,把两个效益相统一的要求落到实处",同时还明确提出要"探索建立国有文化企业社会责任报告制度,开展社会评议,建立健全行业自律制度"。作为国有文化企业的组成部分,出版企业不仅要践行社会责任,还要立体地表达自身在一定时期内履行社会责任的综合表现,客观而准确地将企业社会责任绩效传达给企业利益相关方。

正是在这种背景及出版行业特殊性带来的现实要求下,需要认真研究我国出版企业社会责任的表达方式及现实问题,而"企业社会责任"理论与我国出版行业发展要求十分契合,这就给研究我国出版行业社会责任问题提供了新的理论视角与工具。

(二)我国出版企业的社会责任实践历程

"社会责任"一词出现在我国 2005 年修订通过的《中华人民

共和国公司法》第五条中,即"公司从事经营活动,必须遵守法律、行政法规,遵守社会公德、商业道德,诚实守信,接受政府和社会公众的监督,承担社会责任"。事实上我国出版企业一直以来强调的"社会效益"与"社会责任"具有一定相关性。社会责任思想,可以追溯到2000多年前古希腊的亚里士多德,他曾说:"在一个治理很好的社会中……公民不能过着匠人或商人的生活,这样的生活毫无高尚可言,并且也有损于人格的完善。"①

200多年前,亚当·斯密也对社会责任的概念进行过论证,他的《道德情操论》一书,意在说明经济活动必须注意自利与利他两个方面,并将其很好地结合起来。虽然企业社会责任理念是从西方引入中国,但在我国早已有其思想渊源。春秋时期诸子百家的"义利之辩"便是其雏形。其中,儒家主张"礼以行义,义以生利",认为先有义再谈利,且有"不义而富且贵,于我如浮云"。墨家则主张义利兼顾,认为"利人者,人必从而利之"。这些都体现了我国优秀的文化传统,即:将社会责任放在较为重要的位置并予以实施。

21世纪的今天,无论学界还是业界,企业社会责任的相关理念越来越被世界各个国家所接受,也越来越引起各种类型企业的重视。这种趋势的原因主要表现在三个方面:一是市场经济越发达,人越成为资本的奴隶,企业社会责任越重要;二是科学技术越先进,人越成为机器的奴隶,企业社会责任越重要;三是社会文明

---

① 转引自王雄文:《企业社会责任概念诸说及评析》,《理论月刊》2007年第11期,第155页。

越进步,人越成为制度的奴隶,企业社会责任越重要。①

随着经济的发展,人民生活水平的提高,社会文明的进步,人们对企业社会责任的要求也是水涨船高。但是社会责任的承担并不简单来源于对社会责任的毫不保留,在《国富论》中,亚当·斯密指出,我们每天所需要的食物和饮料,不是出自屠户、酿酒师和面包师的恩惠,而是出于他们自利的打算。② 在竞争的市场上,一个人追求自身利益并不是什么坏事,并不是恶的行为,相反,他这样做的时候给社会带来的好处比他直接去追求社会利益时还要大、还要好。所以,市场的逻辑在一定程度上可以规范人的行为,即以利人之行,实现利己之心。③ 在实际运行当中,企业是现代经济的基本细胞,是现代生产的主要组织方式,企业的利益分配关系是整个社会分配关系的核心。

企业追求利润天经地义,但由于外部性与信息不对称问题的存在,企业行为常常会自觉不自觉地超出自身应有的边界,对社会、员工等利益相关者产生不利的影响。这就要求为了社会的繁荣与和谐,要提倡企业加强社会责任意识。很久以来,人们对企业经营目标的认识,或者说企业价值观经历了企业社会责任由无到有、由弱到强的变迁:从"股东利润最大化",到"企业利润最大化兼顾员工利益",到"企业利益相关者价值最大化",再到"追求企

---

① 彭建国:《企业社会责任的原因、内容与动力——"三因三色三力"》,《理论》2010年第1期,第3—9页。

② [英]亚当·斯密:《国富论》,唐日松译,商务印书馆2012年版,第6页。

③ 张维迎:《市场制度最道德》,《南方周末》2011年7月14日。

业利益价值最大化同时保护和增进社会福利",这个过程同时也是企业社会责任内涵逐渐丰富、外延逐渐扩大的过程。① 这给我们研究出版企业的社会责任提供了很大的帮助。

从我国出版产业的发展历程来看,有关社会责任的概念在不同的时期有不同的体现。我国现代意义上的出版企业发轫于清末的译书机构,其责任的定位在于"师夷长技以制夷",这与当时魏源写《海国图志》的目的是一致的,更多地具有救亡图存的爱国特征。伴随着辛亥革命的胜利,民国后商务印书馆的发展,社会责任定位于"昌明教育,开启民智",民国期间也出现了各种各样的以赢利为目的的纯商业出版机构。② 但民国时期的出版企业从主流上来说仍然是定位在"昌明教育,开启民智"。伴随着外侮内战,整个民国时期出版企业的社会责任特色虽然表现为各个阶段的不同,但主流仍然是以救国救难、文化服务救亡为主要特点。③

新中国成立以来,出版业随着国家的发展进程表现为不同时代具有不同的特点,每个时代的主流价值观决定了这个时代的出版精神。新中国成立初期,出版社逐步成为国有独办的机构,出版具有服务于革命主义教育的功能。当时很多作家创作了战争题材的作品,成为当时出版作品的主流。这一时期的出版社会责任主要表现为政治责任。

改革开放以来,出版业在发展的同时也呼唤出版企业社会责任

---

① 周三多:《管理学:原理与方法》,复旦大学出版社 2010 年版,第 167 页。
② 王余光:《中国出版通史》,中国书籍出版社 2009 年版。
③ 刘伟见:《文化体制改革中出版企业社会责任构建初探》,《中国出版》2011 年第 12 期上,第 57—60 页。

的总结与提升。但有关社会责任与出版企业融合的深入思考并不多,在实践中多用"社会效益"一词概括;对出版实践与理论的文化诉求一概以"社会效益"名之,对社会责任的内涵在出版业中的理解也缺乏深入、系统的思考与论证。这就要求目前通过相关研究来理解出版企业社会责任的重要性,进一步根据社会责任理论发展的新特点,来构建适合我国出版企业发展的社会责任研究与报告。

二、研究目的和意义

(一)研究目的

事实上,我国出版单位正处于体制转轨阶段,"企业化"和"市场化"的结果必然要求出版单位建立起符合现代企业制度要求的、完善的法人治理结构,形成具有社会责任与经济效益双重属性的出版企业。[①]

就社会责任实践而言,从社会学角度看,出版企业作为社会系统中的重要组成单元,与其他社会群体和社会组织相互影响、相互作用。这就意味着企业既然要从社会中索取资源,也必然要承担相应的责任来回馈社会。

从法律学视角来看,出版企业作为企业法人,是权利与义务的

---

① 郭旭东、阿布都哈德:《数字化时代出版企业社会责任论》,《编辑之友》2012 年第5 期,第 36—38 页。

统一,它既有从市场获取利益的权利,也有承担社会责任的义务,两者都具有同等的法律效力;从伦理学角度看,出版企业承担相应的社会责任是企业理应遵循的基本市场秩序、公序良俗的道理和规则,这种责任关系是企业应该遵循的基本道德伦理;从管理学的视野看,权力与责任具有对等性,只有承担社会责任,企业才能拥有对应的社会权力。①

出版社履行社会责任,可以说是社会发展的客观要求和谋求自身发展的内在需求。在出版社转企改制的收官阶段,强调出版社的社会责任是引导中国出版业实现健康转企改制的需要。转企改制后,强调出版社的社会责任,是实现出版社与社会可持续发展有机统一的保障。②

从上述角度出发,本课题立足于出版企业发布的各种社会责任报告文本,并希望借助对于这些文本的深入剖析与多维比较,尝试回答一些问题,比如出版企业履行社会责任的状况如何、其履行社会责任能否赢得企业经济效益与社会效益的良性循环、实现名利双收、出版企业承担社会责任是出版社消极的负担还是出版社挖掘商机以及寻求可持续发展的重要途径和基本保障,等等。此外,本课题还希望通过对已经发布社会责任报告的出版企业的个案分析,来探寻当前和以后一个时期我国出版企业积极践行社会责任更多的可行路径。

---

① 高丽华:《企业社会责任视角下的出版品牌价值》,《出版发行研究》2012 年第 3 期,第 13—17 页。
② 顾永才:《从利益相关者理论谈出版企业社会责任》,《编辑之友》2010 年第 8 期,第 28—30 页。

(二)研究意义

对于出版企业来说,实现社会责任的影响不仅仅体现在企业本身。出版企业主动履行社会责任,可以改善企业形象,改变读者对图书价值的感知,从而刺激读者的购买。这是社会责任从正面角度发挥激励作用的机制。[1] 满足人民群众精神文化需求、保障人民群众基本文化权益是出版物在市场中的价值所在。

当前,我国出版业的发展还存在诸多问题和不足,首先就是出版产品和服务还不能充分满足人民群众的需求,产业集中度和产品差别化程度低,统一的市场体系尚未完全形成。出版企业的社会责任,必须在市场之中才能得以履行,甚至整个出版行业的社会责任,其履行也必须有市场体制作为前提,否则即使有心,也难以达到期望的效果。[2] 为此,应当在出版全行业内建立社会责任报告制度,加强党组织对企业社会责任工作的领导。[3]

我国出版企业社会责任工作需要进一步发展,这是从不同的角度进行探究后得出的结论。从整个世界发展趋势来看,将对出版企业社会责任提出更高、更全面的要求。在当下转型升级融合

---

① 杨红卫:《出版物市场结构与有效竞争》,《出版科学》2006 年第 1 期,第 19 页。

② 尹世昌:《转企改制与出版企业社会责任履行机制的重构》,《现代出版》2013 年第 1 期,第 48—52 页。

③ 朱庆:《出版企业的社会责任》,《光明日报》2010 年 11 月 22 日第 11 版。

发展的时代背景下,出版企业履行好应尽的社会责任是机遇,也是挑战。就目前而言,我国出版企业对社会责任的重视程度有待提高,这种缺失必将是制约企业更好发展的瓶颈;建立更有利于我国出版业发展的社会责任评价体系已迫在眉睫。

本研究对近年来出版企业社会责任理论及研究成果进行了梳理,通过对出版企业发布的社会责任报告的解读和剖析,反观我国出版企业履行社会责任的现状,为探索出一条适合我国出版业发展的社会责任道路提供智力支持。鉴于此,我们希望更多的出版企业加强社会责任理论与实践的结合,以积极主动的践行来弥补社会公共管理中的缺憾,重视社会责任在出版企业发展中的作用以及社会责任建立与实施的规范化,同时要防止转企改制给出版业先天就不明显的社会责任带来弱化与影响,要坚守作为我国出版业的核心价值观。所以,对于我国出版企业社会责任及社会责任报告发布等相关问题的研究,不仅有利于出版企业对出版本质坚守的理解,也有利于在保持出版业固有属性的基础上实现出版价值的再提升。

可以说,本研究是在我国企业对社会责任及报告发布关注度逐步升温的大背景下展开的,对目前已经发布的出版企业社会责任报告进行了理论梳理和现状分析,并对其所构建的企业社会责任框架与逻辑进行了再审视;同时,依据企业社会责任理论所涵盖的利益相关者学说、企业公民学说和"三重底线"学说等,从不同角度探讨了我国出版行业在企业社会责任方面应该做出的努力,以期对推动我国出版企业社会责任工作起到参考作用。

三 研究框架、方法及主要创新点

（一）研究框架

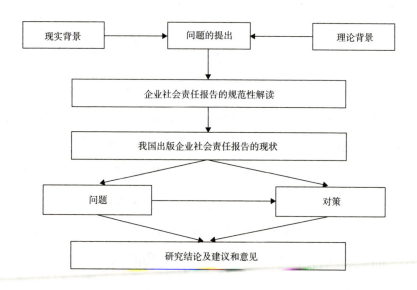

（二）研究方法

本研究主要采用文献分析与理论演绎方法、规范分析方法、半结构化访谈方法和案例分析方法。

第一，文献分析与理论演绎方法。本研究理论工具的使用以及规范分析的部分，主要通过查阅国内外有关的文献与报告，探寻我国出版企业社会责任的现状与今后发展的方向。尤其是通过比较研究与演绎等方法,实现对研究对象的界定、理论工具的使用以及研究方向的把握。具体来说,首先通过阅读和梳理国内外有关企业社会责任的文献,发现我国出版企业社会责任的研究之不足;在借鉴利益相关方学说、企业公民学说和三重底线学说等理论的基础上,探讨我国出版企业社会责任的影响因素,形成我国出版企业社会责任的理论框架,寻找适合我国出版行业发展的企业社会责任实现路径。

第二,规范分析方法。对我国出版企业社会责任的现状研究离不开一定的价值判断,本研究的目的是通过回答"是什么和应该怎样",为出版企业提供其在落实社会责任规范时遇到的问题和改进的建议。例如:在对企业社会责任的界定中,本研究首先分析了目前界定中的共性,并提炼出企业社会责任的相关特点与发展共性,在此基础上,诠释我国出版企业社会责任的现状与内容。在对我国出版企业社会责任研究中,先分析了为什么需要对出版企业的社会责任进行界定与划分,然后通过案例依次分析现阶段出版企业社会责任遇到的问题,从而为今后我国出版企业社会责任的发展提供方向与保障。

第三,半结构化访谈方法。本研究在进行理论分析与探索的同时,对目前已发布企业社会责任报告的出版企业进行半结构化访谈,深入分析几家出版企业发布的企业社会责任报告,并从这些企业履行社会责任的经验与教训中提炼出版企业社会责任的内容构成要素,探索和检验理论分析的逻辑可行性,为后续研究打下基础。

第四，案例分析方法。企业社会责任的研究离不开社会环境、法律制度等因素，需要与出版企业发展的现状与背景相结合，所以本研究对 2015 年度已经发布企业社会责任报告的 5 家出版上市企业和一家单体出版社进行了较为翔实的案例研究，这些案例代表了目前我国出版企业的普遍现象与水平。

（三）主要创新点

本课题的主要创新可以概括为以下几点：

第一，对目前我国出版企业有关社会责任的边界进行界定，并通过理论与实践对其进行分析，解决出版企业社会责任的规范性不足。目前，有关我国出版企业社会责任的研究还处在起步阶段，尚未出现对出版企业社会责任的界定与准则的具体规范，可以说这直接制约了出版企业社会责任研究的深入发展，进而限制了出版企业社会责任实践的逐步推进。本研究利用演绎式与归纳式相结合的理论构建方法，对出版企业社会责任的内容框架进行探索，通过实地访谈和调查，将出版企业社会责任依据"三重底线"理论划分为经济责任、环境责任和社会责任等维度，为我国出版企业社会责任研究的深入发展奠定了相关的研究基础。

第二，对我国出版企业社会责任的影响机制进行了深入剖析。通过引入社会责任这一变量，从不同角度对出版企业社会责任的作用和效用进行衡量，在一定程度上弥补了现有出版企业社会责任研究中缺乏案例分析与过程研究的不足。事实上，出版企业社会责任的发展也是一个过程,尤其是出版企业社会责任意识和行为的养成,是一个不断由量变到质变积累的过程。本研究正是从出版企业对目前社会责任的反应与形成过程入手,识别出影响出版企业处理社会责任的关键因素,揭示出我国出版企业社会责任的影响机制,从而推动社会责任相关研究的进一步发展。

第三,本研究从具体案例的角度出发,详细阐释了现阶段我国出版企业在履行社会责任中遇到的问题与原因。从不同的理论视角丰富了出版企业社会责任的相关研究与实践。通过具体的、最新的现实案例,总结我国出版企业以往遇到的问题,分析目前遇到的困境,提出未来的发展方向。这也是从一个侧面对我国出版企业社会责任工作的一次总结。

第 一 章

社会责任的理论基础、
研究综述及核心概念

近些年来,我国出版企业发布企业社会责任报告的实践,正是社会责任理论在我国实际应用的标志。在这种情况下,适时厘清社会责任理论的发生、发展与演变,社会责任问题的研究综述,并且界定清楚企业社会责任概念的内涵,不仅可以更好地使其应用于我国出版企业的各种社会责任活动,也可为今后我国出版行业适时、择机推出自己的社会责任报告编制指南打下坚实的基础。

一、社会责任的理论基础

从学术渊源来看,社会责任的相关研究是建立在以利益相关方学说、企业公民学说以及三重底线学说这三种基础理论之上的。通过对企业社会责任相关基础理论脉络的梳理,不仅可以廓清社会责任问题的总体研究取向,同时也可为我国出版企业社会责任实践提供可资参考和佐证的理论依据。

（一）利益相关者学说

作为在企业社会责任理论范畴内最经常被提及的理论，利益相关者学说发源于1984年弗里曼的开创性著作《战略管理：利益相关者方法》。该书提到经理们对利益相关者担负受托关系，而不是传统的企业观点所持有的承担对股东的排他性受托义务。该理论表明，一个肩负社会责任的企业应该同时关注所有利益相关者的合法利益，以平衡利益的多元性而不仅仅是企业股东的利益。① 可以说弗里曼率先运用利益相关者理论回答了企业经营活动承担社会责任的对象问题，认为利益相关者就是任何能够影响企业目标实现的集团和个人。② 该理论清晰地指明了企业社会责任管理的对象及相关责任，突破了股东利益至上的传统观点，为企业社会责任的实施提供了一个新的分析平台。

就企业的发展轨迹而言，企业除了股东的利益以外，还受到企业决策与行为影响的人，即："其他利益相关者"，包括员工、供应商、消费者的利益，乃至社区发展、环境保护的利益，等等。从历史发展的角度来说，企业利益相关者随着社会经济的发展和环境条件的变化而不断更替，企业与包括政府在内的其他社会组织之间社会责任

① 高永强：《西方企业社会责任理论体系研究述评》，《当代经济管理》2010年第7期，第13—19页。

② Freeman R E.Strategic Management：A Stakeholder Approach［M］.Boston：Pitman，1984：345-360.

分工的边界也在不断调整。从实践的角度来说,利益相关者管理不仅提高了企业绩效,也使企业在解决失业、环境保护等过去普遍认为应由政府负责解决的社会问题上发挥着越来越重要的作用。[①]

准确理解利益相关者学说可以从它的两个特征入手:一是公司的最高权力由利益相关者而不仅仅是股东的代表组成;二是公司的目标不仅是盈利最大化,而且还要承担相应的社会责任。[②]从公司本身来说,公司应该最大限度地增进股东之外的其他社会利益。[③] 而这种以利益相关者的固有关系所建立起来的责任,也是衡量企业经营目标的综合指标。[④] 在现实运作当中,作为有责任感的企业不仅仅是以盈利为目的,应该同时关注利益相关者的利益,如:为消费者提供可靠安全的产品、同商业合作伙伴建立良好的合作关系、关注环境和社会公益事业等,而这些正与实现社会的可持续发展的要求相吻合。[⑤]

如果将利益相关者学说与我国的出版企业相结合,我国出版企业不仅应该承担对出资人的经济责任,还应该承担对员工、读者、商业伙伴、政府、社区以及其他利益相关者的社会责任[⑥]。事

---

① 陈立勇、曾德明:《企业的利益相关者、绩效与社会责任》,《湖南社会科学》2002年第6期,第67—70页。

② 杨瑞龙、周叶安:《企业的利益相关者理论及其运用》,经济科学出版社2000年版。

③ 刘俊海:《公司的社会责任》,法律出版社1999年版。

④ 屈晓华:《企业社会责任演进与企业良性行为反应的互动研究》,《管理现代化》2003年第5期。

⑤ 郭文美、黎友焕:《食品企业履行社会责任刻不容缓》,《中国贸易报》2007年12月13日第1版。

⑥ 顾永才:《从利益相关者理论谈出版企业社会责任》,《编辑之友》2010年第8期,第28—30页。

实上出版企业的一切活动都发生在社会环境之中,并对社会产生影响。这就要求我国出版企业在追求自身利益最大化的同时,必须满足我国出版企业的特殊要求:对社会负责。而这种负责就需要建立在处理出版企业与利益相关者的关系上。另一方面,利益相关者理论的运用,也在一定程度上促进了有关我国出版企业社会责任的研究,不仅强化了出版企业履行社会责任的重要性,同时界定了出版企业社会责任的对象。[①] 这就提供了一个讨论我国出版企业有关企业社会责任对象的很好的切入点,通过与出版企业利益相关的不同视角,实现我国出版企业社会责任的进一步落实与完善。

(二)企业公民学说

"企业公民"(corporate citizenship)学说起源于 20 世纪 80 年代末的美国,该学说克服了"企业的职责是经营而无关伦理道德的偏见",填补了企业及其员工不直接关注企业伦理道德的缺陷,试图从公民社会成员身份的角度把企业经营权利与伦理义务相结合。[②] 这也正是我国出版企业在履行企业社会责任时需要进行的调整,把自身的社会行为落实到社会公民的身份上来,这也从客观上要求我国出版企业的日常实践与社会基本价值观相吻合,才能

---

① 乔占军:《利益相关者理论视阈下出版企业社会责任实现机制研究》,《中国出版》2013 年第 5 期下,第 44—46 页。

② 张永奇:《企业公民理论的生成与流变》,《商业时代》2014 年第 1 期,第 81—83 页。

承担起社会责任,进而解决社会问题。

从词源上看,企业公民由两个独立的法学范畴"企业"和"公民"合并而成,是对企业进行拟自然人(公民)化。这种拟人化,蕴含着从伦理学到社会学以至法学视角对企业属性的重新认识,从"企业公民"的角度看,绝大多数有信誉的公司表现得就像社会中负责任的成员。① 通俗来讲,"企业公民学说"就是把公司看成是社会的公民,企业应具有公民意识、公民理念,并且具有独立的人格,有一定的责任心,愿意在依法纳税的同时承担更多的社会义务,作出自己特有的社会贡献。② 这就要求企业必须正确处理企业利益与社会利益的关系,实现企业法人和企业公民身份的结合。③ 而企业公民的实质就是企业拥有了公民身份,这种公民身份体现的是企业权利与义务的统一。④ 企业作为公民不仅从个人和短期的自我利益出发,而且尊重公共利益和那些相对不幸的人群的需要,以此指导公司行为是符合公司利益的,因此公司努力追求做一个负责任的公司公民是完全理性的决定。⑤

在企业公民理论看来,企业的使命应该是为社会创造价值,企

---

① [瑞士]乌尔斯·伯乐:《人性化的全球化面临"全球公司公民"问题》;陆晓禾、[美]乔治·恩德勒:《发展中国经济伦理》,上海社会科学出版社2003年版,第195页。

② 卢汉龙、赵之琨:《从公司法人到社会公民:企业捐赠的社会意义》;陆晓禾、[美]乔治·恩德勒:《发展中国经济伦理》,上海社会科学出版社2003年版,第203页。

③ 赵德志:《企业社会责任的理论基础研究:视角与贡献》,《辽宁大学学报》(哲学社会科学版)2014年第6期,第123—126页。

④ 龚天平:《企业公民:企业社会责任与企业伦理》,《河南社会科学》2010年第7期。

⑤ [瑞士]乌尔斯·伯乐:《人性化的全球化面临"全球公司公民"问题》;陆晓禾、[美]乔治·恩德勒:《发展中国经济伦理》,上海社会科学出版社2003年版,第200页。

业的目标应该将个体的利益相关者、企业组织和社会的利益统一
协调起来,服务于社会或全体利益相关者。德里克对代表性企业
公民进行了划分,他认为企业公民有三种表现形式:一是企业公民
与慈善活动、社会投资或对当地社区承担的某些责任相近(有限
责任);二是要求承担社会责任的企业应努力创造利润、遵守法
律、做有道德的企业公民;三是企业对社区、合作者、环境都要履行
一定的义务和责任,责任范围甚至可以延伸至全球(延伸责任)。①

　　事实上作为"企业公民"理论的基本出发点,企业首先要履行
经济责任,以"经济人"的身份追求利润最大化;其次要履行法律
责任和其他社会公益,以"社会人"的身份赢得社会许可;最后要
履行道德责任和慈善责任,以"道德人"的身份赢得社会的支持和
尊重。"企业公民"概念既有"企业"属性,又具有"公民"属性;既
是经济体,又是社会重要的构成单元,是经济性和社会性的有机统
一。"企业公民"使企业社会责任内生化、目标化,能很好地说明
"企业本来就应该履行社会责任"②。可以说,"企业公民"理论在
本研究中对于企业社会责任理论的补充,不仅能够很好地凸显我
国出版企业的主体地位以及权利与责任相统一的本质要求,同时
提供了一个更为具体化的研究视野与方向。在接下来的研究中注
重我国出版企业在社会中的身份转换,通过不同的视角把握我国
出版企业在社会责任理论下的推进脚步,实现我国出版企业在承

---

①　李姝:《企业社会责任理论演进及文献述评》,《经济策论》2007 年第 11 期,第
46—49 页。
②　李彦龙:《企业社会责任的基本内涵、理论基础和责任边界》2011 年第 2 期,第
64—69 页。

担社会责任方面的进一步提升。本书认为,"企业公民"理论更具前瞻性。

(三)三重底线学说

前两个概念给本研究提供了丰富的理论论据,然而在我国出版企业坚守企业社会责任的同时也需要通过一定程度的约束来实现社会责任方面的实践行为。"三重底线"的概念是由埃尔金顿在 1997 年首次提出,指出企业需要通过一系列可衡量的业绩指标来评价和展示其"可持续性"。"三重底线"代表社会、经济和环境这三条线,社会依赖经济,经济依赖全球生态,全球生态系统的健康代表着最终的底线①,要同时实现经济、社会与环境的价值平衡。从通俗意义上来讲,"底线"指的是在投资或者是经济资本上的回报。"三重底线"拓展了原有的单一资本贡献形式,变为社会、经济与环境三者之间互有联系的资本,即自然资本和社会资本。而这些资本的回报就来自于可持续性对于一个公司产生的积极的和平衡的回报,从资金、环境和社会三个维度来评价和衡量对资本投资的回报。通过相互关联阐述一个公司如何在经济、社会和环境这三个领域达到平衡。

从经济角度来讲,一个企业首要的社会责任就是获得健康可持续的发展,通过解决就业、提升员工福利、满足市场需求等途径

① 彭海珍、任荣明:《可持续发展的三重底线》,《企业管理》2003 年第 12 期,第 91—92 页。

为社会创造更多的价值。而只有经济上的健康发展与持续升值才能进一步推动其他两个方面的完善。从社会角度来说，企业在发展经济建设的同时也需要关注自身人文环境的建立。从内部考虑员工的福利待遇以及企业社会责任文化的传播，做到以人为本。从外部应该积极建立企业在面对合作伙伴、消费者以及政府等所展现出来的社会形象与文化价值。从环境角度来说，近年来我国尤其注重可持续发展在环境保护方面的引导作用。企业在履行上述两种责任的同时，需要加强自然保护力度并加大力度宣传环境保护，同时尽可能地使产品做到材质安全、材料环保，以适应消费者日渐强化的环保意识。[①] 事实上"三重底线"也拓展了企业在发展时所关注的内容，不仅考虑经济效益还需要关照在环境保护方面作出的贡献，而这些正是可持续发展的核心内容。可以说"三重底线"不仅将一个企业的成功归结为传统的财务底线，还要由它的社会、道德和环境业绩来衡量。

目前，我国出版企业在履行企业社会责任时所遇到的边界问题可以通过"三重底线"来约束与激励。我国出版企业的性质决定了其是以社会效益为主，经济效益为辅。所以适时地提高出版企业对可持续发展的重视程度，可以从不同维度提升我国出版企业在社会中的积极影响。归根结底，"三重底线"就是促使出版企业在完成自我经济评价的基础之上，实现对社会影响以及环境保护贡献所作出的评价。这种行为不仅可以保证出版企业积极面对

---

① 尹倩：《基于约翰·埃尔金顿"三重底线理论"浅谈 CSR 对企业永续发展的影响》，《东方企业文化》2012 年第 4 期，第 193—194 页。

社会影响和环境保护所带来的压力,也能够提升企业治理的效率和能力。可以说,"三重底线"理论在我国出版企业实现企业社会责任的路径上提供了更为丰富的理论依据,为进一步的社会实践打下了良好的基础。

二、出版企业社会责任问题研究综述

(一)国外研究综述

众所周知,"企业社会责任"的概念发源于西方,从 20 世纪 50 年代以商人为基础的社会责任思想[①],到 70 年代开明的利己主义思想(获利必行善)[②],到 80 年代的以卡罗尔的"金字塔形结构"(经济的、法律的、伦理的和慈善的)为基础的企业社会绩效理论,[③]再到 90 年代的企业社会责任战略管理理论,都在一步步推动着社会责任理论的发展。这种理论的发展与演变,与社会的变革是密不可分的,尤其是人们对于社会责任的理解也是随着社会发展产生着改变。正如沃陶所说:"不同的人赋予企业社会责任

---

① Bowen, H.R.Social Responsibility of the Businessman [M].Harper &Row, New York, 1953.

② 波斯特、劳伦斯、韦伯:《企业与社会:公司战略、公共政策与伦理》,中国人民大学出版社 2005 年版,第 69 页。

③ Carroll, A.B.The pyramid of corporate social responsibility:toward the moral management of organizational stakeholders [J].Business Horizons, July-August 1991:39-48.

不同的含义。对于一些人来讲它是法律责任和义务;对有一些人,它是负责的因果模式;有些人将其等同为企业的慈善贡献;一些人把它当作企业的社会意识;一些人看作一种受托责任。"①然而从企业社会责任理论的发展效果与应用角度来看,企业社会责任概念在企业发展中的运用越来越成为提高企业财务绩效的一种战略资源。

从社会责任理论在国外的发展历程来看,国外对企业社会责任概念的相关研究成果应该说是十分丰富的,但是从出版业的角度来说,与出版相关的社会责任学术研究较少,只是由于起源于西方的现代出版与西方市民社会的关系较为密切,形成了有关出版企业社会责任的相关主张以及建议,更多地体现在出版人的思想与行为上。

从出版企业社会责任的角度出发,美国著名出版人乔治有着独到的见解。乔治在1984年成为赫斯特杂志的执行副总裁及集团出版总监,1996年被选举为英国国家杂志有限公司董事会成员。他认为出版在其本质上是社会和民族生活中最重要的行业之一,它是公认的传播知识的手段。图书大大有助于普通理想的接受和高级理想的宣传。②

1929年荣获诺贝尔文学奖的德国20世纪最著名的现实主义作家和人道主义者托马斯·曼,以一个小说家和散文家的角度认

---

① VOTAW.Genius Became Rare:A Comment on the Doctrine of Social Responsibility Pt1 [J].California management review,1972,15(2):25-31.

② 《保持个性与质量——英美出版商谈出版》,王一禾译,辽宁教育出版社2005年版。

为,出版是商业意识和具有战略意义的眷恋之情相混合。这说明赋予出版以崇高的社会责任在西方传统出版史上是很普遍的。

对于以"传承文化"为目的的出版业来说,强调出版的专业性是十分有必要的。对出版专业性的承认,就是强调了出版企业社会责任的必要性。从出版企业所承担的社会责任和功能来看,关键是如何在获取利润的同时保证出版的质量。另一种比较有代表性的观点来自于培生集团原 CEO 玛约丽·斯卡蒂诺。她 1997 年成为培生教育集团的首席执行官,上任八年的时间将培生集团的业绩提升了一倍多。根据她在任期内的经验提出:一个有着良好发展的企业,通常是把盈利作为给社会带来一些产品和服务之后的东西,而不是作为目标。

综上所述,国外知名的出版人士虽然没有直接从出版企业社会责任的角度出发,但是从自身实践角度对出版业的理解仍然回归到了出版企业所应该承担的社会责任上来。这说明出版企业与社会责任概念所涉及的方方面面具有高度的契合点。因为,不管是进行出版活动还是进行教育,出版企业本质上所进行的社会实践都是建立在承担一定的社会责任的基础之上的。

(二)国内研究综述

近年来,随着学界和业界对出版企业社会责任理念的持续关注,有关出版企业社会责任的研究也呈现上升趋势。就目前而言,总体的研究现状如下:

第一,国内对于出版企业履行社会责任的相关研究数量有限,内容也比较单薄。大多数的研究还停留在概念的界定、规则的制定以及目前已发布的出版企业社会责任报告的现状与问题探究上,还没有形成具有一定体系的研究路径。这些问题也是我国出版企业在进一步履行企业社会责任时所应该考虑和观照的。其中目前我国学界对于出版企业社会责任的概念界定并不多,王华与陈月梅在结合了国外社会责任的成熟概念后把出版企业所应该承担的社会责任表述为:出版企业为实现自身与社会的可持续发展,自愿对政府、员工、读者、商业伙伴、社区与环境等利益相关方负责,最终实现社会效益和经济效益相统一且综合价值最大化的行为。[①] 先不说综合价值最大化的预期是否可行,根据利益相关方对出版企业的社会责任进行界定,应该说比较符合我国出版企业的发展现状。

第二,研究者对出版企业如何践行社会责任理念提出了一些富有启发性的见解。比如有学者指出,出版企业已发布的社会责任报告展现出内容主观性太强,选择性披露现象严重。就是因为"企业社会责任"的理念还没有完全融入出版企业的整体治理结构与实践过程当中,再加上我国目前对于社会责任的评价机制尚不完善,缺乏客观性,使得我国出版行业在社会责任履行与发布方面还有着很长的路要走。[②] 再比如有的学者认为,对于我国的出版企业来说,社会责任主要体现在向社会提供有用的精神产品,满

[①] 王华、陈月梅:《我国出版企业社会责任发展对策探讨》,《科技与出版》2014年第1期,第50—52页。

[②] 陈霄栋、管曹梦茜:《近年我国"出版企业社会责任报告"问题分析》,《现代出版》2015年第2期,第21—23页。

足人们的精神需要。从效果的角度来说,执行社会责任有助于出版企业社会效益的提升,同时也是增强出版企业核心竞争力的需要。① 此外,有的研究认为,在转企改制基本完成后,出版社开展社会责任建设的方式需要多样化,需要从转变思维、提高出版企业家的社会责任意识开始,自觉引进监督机制,通过制作高水平的出版物来引导或提高读者认知,打造具有影响力的出版品牌,积极参与公共活动和公益事业,以人为本,完善对于社会责任建设的管理体制,创造可持续发展的战略规划。②

第三,一些研究指向了出版企业社会责任实践应建立完善的社会促进机制和评价体系。比如应积极发挥党委政府、研究机构在出版行业发布社会责任报告中的作用,确立出版单位社会责任激励机制、监督机制和社会责任披露制度,并且增强出版单位社会责任的教育普及和科研工作。③ 这也就同时要求出版单位需要从教育机制(培养出版企业的责任意识)、政策机制(完善优惠政策)、法律机制(构建出版企业承担社会责任的制度)和监督机制(营造舆论氛围)的角度出发,实现我国出版企业在社会责任方面的引领。④ 至于如何建立出版企业社会责任的评价体系,有学者指出,应适时对出版企业的社会责任报告进行反馈与促进,根据我

---

① 付海燕、王海云:《出版企业社会责任构建分析》,《北京印刷学院学报》2007 年第 1 期,第 22—24 页。

② 叶小峰:《转企改制后出版企业如何开展社会责任建设》,《科技与出版》2012 年第 4 期,第 96—98 页。

③ 江作苏:《公信力寓于履责尽责之中——社会需求我国出版单位实施"社会责任报告制度"》,《出版发行研究》2014 年第 1 期,第 68—70 页。

④ 祝国超:《改制后出版企业的社会责任》,《科技与出版》2011 年第 3 期,第 17—19 页。

国出版企业的具体要求提出该体系为反映和衡量出版企业整体、内部组织和员工个人履行社会责任的行为和效果而设置的依据或标准体系。[①] 事实上,从我国出版企业推进企业社会责任的角度来看,有效的评价体系可以将出版企业履行社会责任的过程和结果细化,在反映出版企业履行社会责任绩效的同时,为出版企业实施社会责任管理提供相应的标准与指导。

三、"社会责任"概念及研究界定

作为本书的核心概念,对"企业社会责任"概念的界定关系到全书的基本研究站位与价值取向。本研究将在对"企业社会责任"概念历史梳理的基础上,结合我国出版行业和企业的实际情况,赋予这一概念以恰当、精准的内涵。

(一)"社会责任"概念的历史演变

从历史发展的角度来说,社会责任的概念随着社会环境与观念的转变不断地进行自我调适。企业社会责任概念的首次提出源于 1916 年美国学者克拉克的《改变中的经济责任的基础》,认为"社会责任中有很大一部分是企业的责任",社会需要"有责任感

---

① 顾永才:《出版企业社会责任指标体系的构建》,《现代出版》2011 年第 5 期,第29—32 页。

的经济原则,发展这种原则并将它深植于我们的商业伦理之中"①。随着时间的推移,欧利文·谢尔顿于 1924 年在《管理的哲学》一书中首次提出将企业社会责任与企业经营者满足产业内外人类需要的各种责任联系起来。该书认为企业社会责任应包括道德因素,企业经营应有利于增进社区服务和群众利益。② 1953 年美国学者霍华德·鲍恩在《商人的社会责任》一书中提出企业社会责任概念③,认为商人有义务按照社会所期望的目标和价值观来从事经营和采取某些行动。正是因为这个观点,他被认为是现代企业社会责任研究领域的开拓者,被誉为"企业社会责任之父"。可以说,企业社会责任的概念从形成到发展再到成熟经历了社会变迁带来的思想变化,这也给我国出版企业进行社会责任研究提供了启示:企业社会责任的发展需要与本国国情相结合,需要找出一条适合我国发展现状的现实路径。

　　企业社会责任概念的提出,来源于企业与社会的相互关系。就目前而言,企业中企业主与雇员,企业发展与社会发展的矛盾是现代社会的主要矛盾之一,这种矛盾通常被认为是企业社会责任(Corporate Social Responsibility,简称"CSR")。对于社会责任这个概念,乔治·斯蒂纳有如下理解:"企业深深根植于所在的环境

---

　　① 沈洪涛、沈艺峰:《公司社会责任思想起源与演变》,上海人民出版社 2007 年版,第 2 页。

　　② 李姝:《企业社会责任理论演进及文献述评》,《经济策论》2007 年第 11 期,第 46—49 页。

　　③ Bowen,H.R.(1953):'Social Responsibility of the Businessman',[M].New York:Harpor & Row.

中,必须对许多力量,包括作用于企业系统的经济和非经济力量做出反应。企业无法独立于它所在的环境而存在,也无法主宰这一环境。当企业系统对于环境的影响是更为积极的而不是消极的时候,也就是说,当企业为环境所提供的收益大于它对环境所造成的成本时,企业所获得的支持也就更大。"① 这就表明了企业的发展是建立在社会发展的基础之上的,只有承载了一定的社会责任,社会才能够反过来促进企业的良性发展。传统的企业都立足于个人(股东)本位,以最大限度地赢利实现股东利润的最大化。而社会责任则要求企业除了实现股东利润最大化外,还应该尽可能维护和增进社会利益。这两方面经常存在着某种张力,在相互约束的条件下实现各自的目标,使企业的经济效益和社会效益达到一种均衡状态。② 另一方面,企业社会责任是一个与管理道德密切相关的概念。企业的利润目标和社会利益目标的冲突与平衡问题是企业社会责任理论提出和建构的出发点和归宿。③ 就目前而言,对于"社会责任"的概念在不同的个人或组织面前存在着定义上的差别,国内外的学者与组织对社会责任都有着不同的理解。下图就是从八个不同的机构视角对"企业社会责任"的理解与定义。

---

① ［美］乔治·斯蒂纳等:《企业、政府与社会》,华夏出版社 2002 年版,第 13 页。

② 黎友焕、龚成威:《国内企业社会责任理论研究新进展》,《西安电子科技大学学报》(社会科学版)2009 年第 1 期,第 1—15 页。

③ 马力、齐善鸿:《公司社会责任理论述评》,《经济社会体制比较》2005 年第 2 期,第 138—141 页。

机构	企业社会责任定义
国际劳工组织	企业社会责任是指企业在经济、社会和环境领域承担某些超出法律要求的义务,而且绝大多数是自愿性质的。因此企业社会责任并不仅仅是遵守国家法律,劳工问题只是企业社会责任的一部分。
社会责任协会	企业社会责任是指经营活动符合或超出伦理、环境、商业和公共预期的标准。
世界商业可持续发展委员会	企业社会责任是指承诺企业行为符合伦理标准,并在促进经济发展的同时尽可能地改善工作环境,提高员工家庭生活质量,促进当地和社会发展。
美国国际商业委员会	企业社会责任是指公司对其社会角色所担负的责任,这些责任是在自愿基础上的并高于相关法律的要求,有利于保证公司的生产经营活动对社会产生积极影响,主要涉及公司商业道德、环境保护、员工待遇、人权和社会公益行动等问题。
Joseph McGuire	企业社会责任是指企业不仅负有经济的与法律的义务,而且对社会负有超越这些义务的其他责任。
Archi Carroll	企业社会责任意指:某一特定时期社会对组织所寄托的经济、法律、伦理和自由决定的期望,包含四个层面,即经济责任、法律责任、伦理责任和慈善责任。
中国国家电网公司	企业社会责任,是企业履行社会责任的简称,是指企业为实现自身和社会的可持续发展,遵循法律法规、社会规范和商业道德,有效管理企业运营对利益相关方和自然环境的影响,追求经济、社会和环境的综合价值最大化的行为。
山西省工业经济联合会	企业社会责任是指企业在争取自身生存和发展的同时,应该承担对利益相关方的责任、对消费者的责任和对环境、安全、公共服务、关心弱势群体的责任,这些责任的总和就是企业社会责任。履行社会责任,要求企业除了关注自身经济指标外,还应关注人文指标、资源指标和环境指标,实现企业发展与社会、资源、环境相协调。

以上这些概念共性表现为,一是都立足于企业社会责任的具体对象来界定企业社会责任;二是都立足于效益与公益、利己与利他相互统一来界定企业社会责任;三是都立足于特定时期社会对企业的特定期望来界定企业社会责任;四是都立足于企业的"社会性"来界定企业社会责任,所有界定都强调企业的社会属性,突出了企业的道德责任和慈善责任。相比国外对企业社会责任比较

成熟的理解,国内对企业社会责任的理解都还基于我国的具体国情进行调整,我国学者还根据基本国情试图找寻在中国发展语境下的最合适的"企业社会责任"概念。

从我国的传统文化角度来看,儒家对义利关系的看法,对中国传统价值观产生了深远的影响。根据儒家的观点,"义"作为当然之则,本身便有至上的性质:"君子义以为上"。同时"义"成为评判行为的主要准则。如果行为本身合乎义,即使它不能达到实际功效,也同样可以具有善的价值。[①] 这就意味着企业社会责任的概念与我国传统文化是有所契合的,即:"时代的发展使得人们对文化的重视提高到前所未有的高度,所谓的企业社会责任标准推行是全球文化、价值观念的一次碰撞"[②]。

(二)本研究中"社会责任"概念界定

如果从企业社会责任所关注的具体内容来看,"企业社会责任的内容极为丰富,既有强制的法律责任,也有自觉的道义责任"[③]。而对于公司的具体实践来说,应当最大限度地增进股东利益之外的其他所有社会利益。这种社会利益包括雇员(职工)利益、消费者利益、中小竞争者利益、当地社区利益、环境利益、社会弱者利益及整个社会公共利益等内容,既包括自然人的人权尤其

---

① 张岱年:《中国文化概论》,北京师范大学出版社1994年版,第87页。

② 黎友焕、杜彬:《国内SA8000研究综述》,《中外食品》2007年第11期,第51—53页。

③ 张彦宁:《中国企业管理年鉴》,企业管理出版社1990年版,第778页。

是《经济、社会和文化权利国际公约》中规定的社会、经济、文化权利(简称"社会权"),也包括自然人之外的法人和非法人组织的权利和利益。另一个角度,企业社会责任实现的基本依据有三条:一是企业对自身的合理期待;二是企业对社会的合理期待;三是社会其他利益群体与公众对企业的合理期待。这其中只要符合任何一条都可以成为企业所应该承担的社会责任①。这就要求我国出版企业需要通过树立正确的企业责任观,把企业社会责任的履行放在突出的位置上。把履行社会责任作为重要任务,明确社会责任范围,规范自身行为,把履行社会责任作为提高我国出版企业核心竞争力的重要内容。②

如果从我国出版企业的发展现实出发,大多数出版企业因为勇于承担社会责任而获得了更好的社会形象,进而取得了更好的经济效益。此外,出版企业能否在激烈的市场竞争中生存和发展,关键在于是否具备核心竞争力。履行社会责任将有助于规范出版企业内部管理并吸引高素质人才,进而提升出版企业在市场中的竞争地位,从侧面提升出版企业的核心竞争力。③ 可以说,倡导出版企业对于社会责任的关注,是将出版企业的行为目标与利益相关者的需求目标拉近,使企业的经济行为与社会发展、自然生态平

---

① 雍兰利:《论企业社会责任的界定》,《道德与文明》2005 年第 3 期,第 42—45 页。

② 王茂林:《构建和谐社会必须强化企业的社会责任》,《求是》2005 年第 23 期,第17—19 页。

③ 乔占军:《利益相关者理论视域下出版企业社会责任实现机制研究》,《中国出版》2013 年第 5 期下,第 44—46 页。

衡相一致,构建人与人、人与自然和谐发展的社会。①

　　因此,结合中西方有关企业社会责任的概念与实践,以及本研究的基本立场,我们将"社会责任"概念界定为:出版企业在追求经济效益的同时,应该自觉肩负满足利益相关者更高期待的责任,进而促进出版企业在经济、社会、环保等方面的可持续发展。

---

　　① 张忠月:《出版单位在农家书屋建设中的责任与机遇》,《编辑之友》2008 年第 5期,第 21—23 页。

第 二 章
企业社会责任报告的规范性解读

　　编制和发布社会责任报告,是企业践行社会责任理念的重要形式,是企业社会责任活动的主要成果之一,也是企业将履行社会责任的具体实践向利益相关方沟通的重要方式。

　　在我国,一个时期以来,从学界到业界已对什么是社会责任、其由哪些要素构成、如何实施等核心命题进行了初步且富有成效的探讨,可以说在基础理论层面已取得了丰硕成果,从而对我国以企业为主体的各类组织的社会责任实践起到了积极的推动作用。但也必须清醒地看到,目前有关企业社会责任报告的研究还相对落后,在普遍意义上对于怎样打造一份形式完整、内涵丰富的企业社会责任报告,并选择合适的途径和渠道加以推广,尚缺乏规范的解读和广泛的共识。换言之,企业社会责任报告的编制和发布,同样需要标准。本章节就企业社会责任报告展开系统研究,以期对包括出版行业在内的企业社会责任报告编制工作有所裨益和推进。

一、社会责任报告是企业履责
状况发布的基本形式

对社会责任报告本质的认识,可以从以下三个维度展开。

第一,一份社会责任报告就是一份企业"风险管理目录"和"从业许可证书"。之所以这么说,是因为当今时代,以消费者协会、工会组织为代表的利益相关方压力正日益成为社会责任巨大的发展动力;同时,企业商业行为的市场准入门槛不断提高,在比实力的同时,还要比口碑、比信誉、比品牌、比谁对社会履行了更多的责任。在这种情况下,企业每年度按时发布社会责任报告,就具有了向公众表明态度、向客户展现诚意、自我警示反省、自我规避风险等多重作用。

第二,社会责任报告是企业社会责任实践的物化成果之一。在复杂多变的市场活动中,如果一家企业能够持续、认真地公开发布企业社会责任报告,股东、员工、顾客以及所在的社区等利益相关方,都可依据企业履责表现,决定对其采取何种态度,或支持或排斥,或拥护或反对。

第三,社会责任报告体现了一家企业人力资源管理或文化管理部门的水平和智慧。事实上,在回应社会对企业所抱有的全部期待(法律、道德、商业或其他方面)的过程中,企业人力资源管理或文化管理部门能够发挥的作用并不完全相同,那些对社会责任报告倾注更多热情的部门,往往能从战略层面执行企业的发展理念,向包括员工在内的利益相关方回报利益,为今后获取更多利益进行各种投资。

作为社会责任状况发布的基本形式,社会责任报告是体现企业所奉行的"三方满意"(即卖方满意、买方满意和社会满意)商业哲学的文本载体。这种文本有自身通用的语法规则、解读规则和评价规则,企业在编制报告时,必须充分结合社会责任发展的全球背景、所在国家和地区的基本情况、行业以及企业自身发展的阶段特点。

二、企业社会责任报告编制的内容和形式

在操作层面,编制社会责任报告首先需要考量两个问题,一是要回答的基本问题是什么,二是应当采用何种形式予以回答。前者关乎社会责任报告的内容,后者则关乎社会责任报告的呈现形式。

(一)社会责任报告:回答什么

对于一家优秀的企业而言,按照何种维度与何种顺序编制一份社会责任报告,集中体现了其对社会责任议题的理解角度、深度与广度。

首先讨论企业对社会责任的理解角度问题。众所周知,各企业对社会责任的理解至今还莫衷一是,见仁见智,有学者发现目前仅对社会责任的定义就有二百多种,这足以显示该定义的丰富性和复杂性。从根本上看,想要真正寻找到"社会责任是什么"的答案,也就相当于重新审视了"企业到底是什么"。

什么是企业,企业又如何成长为负责任的、值得社会信赖的社会组织,对此至今存在观点不同、路径不同的各种讨论。1924 年,美国人奥列弗·谢尔顿(Oliver Sheldon)首先提出了"企业社会责任"一词。[①] 谢尔顿从企业行为角度提出的社会责任概念可以说奠定了有关社会责任定义的基本方向:即以企业经营行为中满足人们需要的各种责任为主线,并强调道德性因素在其中所起的作用。

20 世纪 70 年代,卡罗尔(Carroll)在采纳和总结前人观点的基础上,向世人提出了一个日后被广泛引用的经典概念,即企业社会责任的"四责任理论"或"金字塔理论",他将企业的社会责任分为经济责任、法律责任、伦理责任和自行裁量(自愿)责任,在四者之中经济责任排在首位,意味着其所占比例最高、地位最基础。这一理论极大地充实了社会责任的理论内涵,得到了社会各方的普遍认可。因此,在形形色色的社会责任报告中,主流的内容都聚焦于这四种责任的细分回答上。

---

① 朱红文、金梦兰:《媒体的社会责任》,山西人民出版社 2015 年版,第 2 页。

1. 企业的经济责任

"推进经济增长"是任何一家企业在社会责任报告中都要重点向社会宣讲的内容。这是因为一家企业如果没能在一年中有效地发展业务、提升利润、持续盈利,那么所有的利益相关者(股东、消费者、雇员、供应商、投资者、社区和社会等)都会因为无法分享企业因经济增长带来的福利而表示不满,这显然不利于多赢战略格局的形成。同时,从最理想的状态和最长远的发展来看,越是能"盈利"或"赚钱"的企业,越有能力和实力对社会利益集团承担责任、对解决社会问题承担责任。

2. 企业的法律责任

社会责任报告要回答的基本问题中,"守法"也是企业务必向社会和公众坦陈的重要议题。环顾企业社会责任的主要议题,几乎每一项都有可能出现与法的精神不相匹配的现实争端:人权、员工权益、消费者权益、债权人利益、中小竞争者利益、当地社区利益、环境保护,等等。近年来频频出现的食品安全、药品安全、环境污染、员工非正常死亡等社会热点事件,更是让人们对某些企业只顾追求经济利益而置社会与公众利益于不顾的极不负责任的做法,产生了反感甚至愤怒。基于此,企业是否守法,便成了社会责任报告的重要议题。

3.企业的伦理责任

从某种意义上来看,伦理责任不仅是最能彰显企业独特风貌和气质的一种社会责任,也是最富有弹性的一种社会责任,甚至还有可能成为最有助于品牌形象塑造的一种社会责任。之所以这样说,是因为企业的伦理责任首先体现出企业经营者个人的格局和胸怀,社会责任感强的企业经营者通常会按照社会所普遍期待的行动标准和主流认同的价值观去经营企业,并作出相应的决策。其次,企业的伦理责任会比较集中地体现于企业文化的形成和建设之中,优秀的企业文化会汇聚成强大的社会商业文化,并最终成为社会文化极为重要的组成部分。这些内容会为企业社会责任报告增添更多独特的气质和色彩。

4.企业的自愿责任

随着大型企业、跨国企业社会影响力的日益增大,企业社会责任有不断演化为一种社会通行准则的趋势。但与此同时,企业间的差别又是现实存在的,因此,不同企业可以根据自己的实际情况来自行裁定对某些社会责任的承担程度,经济效益好的大企业自然在福利安排、员工援助和培训等方面的优势更加明显;反过来,这些企业对员工的吸引力、凝聚力也会更强。因此,目前很多企业在编制社会责任报告的过程中,也表现为更愿意表达自己想表达的履责内容,避重就轻,对自己有利的内容多说,不利或者做得不好的不说。而利益相关者也不好对企业表达的履行社会责任的内容过分指责或表示不满,社会责任报告编制与发布的主动权牢牢掌握在企业手里。

其次讨论企业对社会责任的理解深度问题。其实对于这个问题,很多企业是充满相当多困惑的。因为,"社会对企业的期待"并非一成不变的,随着社会的不断发展和时代的剧烈变迁,这样或那样的期待正迅速扩张,而这些期待既包括某些善意的内容,有时也会包括一些批评的内容。在这种情况下,如何安排企业社会责任的优先顺序就显得特别重要了,甚至直接体现了社会责任报告"可持续发展"的核心价值观。

如前所述,企业所承担的经济责任是基础,企业本质上就是具有强烈利润动机的经济组织,不要奢望或幻想其可以在完全没有利润刺激的前提下去完成社会责任担当;法律责任和伦理责任构筑了企业社会责任范畴的主要视阈,包括法律法规、社会规范和风俗习惯、行业规范等;而自行裁量责任则体现了企业在社会责任实践过程中更多的"光荣与梦想"。从这个角度来看,社会责任报告呈现的内容并非等量齐观,策划者和撰写者应充分把握和平衡企业作为经济主体和社会贡献主体的基本面向,最大限度和最有可操作性地展现社会良知,自觉朝着可持续发展的方向不断努力和行动。

最后讨论企业对社会责任的理解广度问题。这个问题源自于企业社会责任认知的丰富性,而归结于企业社会责任实践的层次性。1971 年,美国经济发展委员会(Committee for Economic Developmengt,CED)在《工商企业的社会责任》的报告中阐述了"三个同心圆"的社会责任内涵:"一是内圈责任,指有效履行经济职能的最基本的责任,包括产品、工作和经济增长等;二是中圈责任,指在履行经济职能的基本责任时保持对社会价值观的变化和社会问题的敏感,并将两者相结合,是政府作为社会的代理机构加在企业身上的成本;三是外圈责任,指积极投入到改善社会环境的活动中去的责任。"[①]

社会责任报告就是要全面呈现这种有关责任外延的扩充,以"层次"求"平衡",以"丰富"避"狭隘",明确并且坚持不同国家、不同时期、不同性质、不同企业在不同发展阶段理应向社会公众报告不同的社会责任信息。

综上所述,企业社会责任报告要回答的问题既是在努力寻求"社会最大公约数",又是在谋求企业经营的自主性和能动性。只有充分了解和理解企业社会责任概念的内涵与外延,才能找到社会责任报告中"必须报告事项""应该报告事项"和"自主报告事项"的边界在哪里。同时,在这个过程中,"企业家社会责任"与"组织社会责任"是社会责任报告可以选择报告方式的两大维度,只是前者的社会责任表现往往蕴含在后者之中。

20世纪90年代以来,我国的社会责任报告编制与发布逐渐开始与国际接轨,西方社会经济发展和公共价值理念的变迁也在悄然渗透到我国的社会责任报告之中。不仅如此,伴随着企业社会责任研究从理论逐渐向企业管理的转向,社会责任报告所回答的问题也更加务实和更具绩效管理的意味。

---

① 转引自张文祥、李新颖:《企业社会责任传播:理论与实践》,社会科学文献出版社2014年版,第13页。

(二)社会责任报告:如何回答

从社会责任报告目前的发展现状来看,当发布主体明确了欲回答之责任事项后,就需要认真考虑如何回答才能更好地向社会传递企业履行社会责任的表现。在这个过程中,有如下两个层面的问题应提请重视。

1. 关于形态

就社会责任报告的发展历程而言,其大体包括三种基本形态:单一形态报告、多元形态报告和综合形态报告。单一形态报告中最重要的是企业环境报告,多元形态报告主要体现为社会与环境报告,而综合形态报告则包括通常所说的可持续发展报告、企业公民报告、企业社会责任报告,等等。

与过去相比,当下的社会责任报告更多地采用了综合性报告的模式(当然在某些情况下仍然需要企业编制单项报告)。换句话说,综合报告基本上已成为企业社会责任报告的主流形态。

企业社会责任报告类别

形态类别	举 例
单项报告	企业环境报告、环境健康安全报告、社会报告,等等
多元报告	社会与环境报告
综合报告	可持续发展报告、企业公民报告、企业社会责任报告,等等

2. 关于版本

当前,企业社会责任报告的社会价值日益为各类企业所认可,企业经营者也逐步认识到编制报告绝非仅仅为了回应法律法规的要求,展示企业作为社会公民所承担的经济、社会与环境的责任以及取得的成绩,向以股东为代表的关键利益相关方传递和沟通信息,而是希望通过连续发布社会责任报告来"创造价值"。基于这样一种境界的提升,企业在编制社会责任报告时就有必要从多元价值和财富积累的角度考虑发布适用于不同阅读目标群体的多种介质的报告版本。从总体上来看,按照关注度的大小,企业社会责任报告的读者群可以分为如下层级:

企业社会责任报告的读者群

关注程度	读 者 范 围
最为关注	股东和投资者
比较关注	员工、消费者、供应商及其他客户
可能感兴趣	媒体、管理部门、NGO 组织、社区、业界和学界等

根据上述的读者群,企业可以选择的社会责任报告版本主要有文字版、电子版、移动版等形式。

纸质印刷版。纸质印刷版社会责任报告是企业广泛采用的一种方式,披露的信息量最大、最翔实、最生动、最全面,往往展现了企业某一时间周期内社会责任实践的全貌。

电子版。为了配合外网的宣传,目前很多企业都会在发布纸质印刷版的同时发布电子版。这一版本更好地服务了股东的阅读需求，使某一企业的持股人、投资人可以比较容易地获得该企业经营情况、社会服务和环保情况。企业在发布该版本时可以根据实际情况对纸质版的文字进行删减。

移动版。移动互联网技术的普及，催生了移动版的企业社会责任报告，这无疑充分体现了时代的特色。目前很多与时俱进的企业都选择手机客户端展示社会责任情况，比如近年来流行的 H5 界面，就凭借着多媒体的视频和音频等，丰富了企业社会责任信息的呈现形式。

除此之外，还有一些企业将漫画、歌曲等形象、直观、可读性强的因素融进企业社会责任报告的编制中，创新和发掘出了多种形式来吸引读者的阅读兴趣，这些做法都值得推广。

3. 规定动作与自选动作

展望未来社会责任报告的发展趋势，有两个关键词不可忽视，一是"规定动作"，二是"自选动作"。那么如何解释这两个关键词呢？

所谓"规定动作"是指根据国际通用标准必须向社会进行信息披露的内容。比如在人力资源责任承担方面，员工数量、性别比例、学历构成、员工流失率等这些信息都是每年必须披露的，因此，这些信息被称为企业社会责任报告的"规定动作"。当然在这些信息中，有些内容每年可能变化不大，但为了确保报告的规范，很多审验机构都要求企业将这些内容作"重复报告"，这是在实践操作中可能遇到的情况。

所谓"自选动作"是指某一企业在履行社会责任的过程中,因地制宜、量体裁衣地扩充了某些社会责任议题,从而更加全面地履行了自身在经济、社会和环境等方面的社会责任,更有效地展现了企业在一个时期内履行社会责任的有特色内容。比如企业的供应链议题、公司治理议题都是近些年在一些企业社会责任报告中频频出现的"自选动作"。这些议题被关注,不仅体现了企业对经营环境和经营风险的敏锐感知,也体现了企业愿意从自身运行的每一个环节和细节去与利益相关方保持沟通,体现出企业社会责任报告发展中不断涌现的创新精神。

综上所述,企业社会责任报告的内容和形式是相辅相成、不可分割的整体,报告的内容从根本上决定了应当采取何种呈现方式。中国社会科学院企业社会责任研究中心曾对外发布了一份好的社会责任报告的标准,即在过程性、完整性、实质性、平衡性、可比性、可读性、创新性七个方面都有突出表现,才能在企业社会报告评级中获得较高分数。

三、企业社会责任报告的发布与传播

对企业来说,编制完成后的社会责任报告只有进行有效传播,其价值才能得以真正实现。为了较为直观地展示社会责任报告的过程性,现将报告传播的整个链条划分为两大基本环节,一是发布环节,二是扩散环节。发布环节在此作为信息扩散的起点存在。

(一)企业社会责任报告的发布

企业社会责任报告的发布事关报告的传播效果和企业形象,因此,很多企业对这一环节的策划和投入丝毫不亚于编制环节,而比较有实力的企业更是会将其打造为一场仪式感极强的发布会。在这样的仪式上,企业不仅可以完成对社会责任承担的"自我加冕",提升社会对企业的信任度和美誉度,积累公众特别是客户对自身的好感,而且可以借此机会与利益相关方进行"亲密互动"和"深入沟通",回答其关切的社会责任问题,传递其欲通过社会责任实践与各方维系友好关系的信号,同时也还可以借助这样的仪式修复可能在此前受损的品牌形象。因此,一场社会责任报告发布会对企业而言意义重大。那么,举办好一场企业社会责任报告发布会有哪些步骤需要重视呢?

1. 发布形式

目前大多数企业普遍采用的社会责任报告发布形式是召开新闻发布会。新闻发布会因其具有新闻性,往往可以引发广泛的社会关注,各种类型的受众都有机会以在场或不在场的方式参与到传播的队伍当中。除此之外,新闻发布会的传播效果也是企业内部会议所不能比拟的。以往新闻发布会所依托的媒介主要是以报纸、广播、电视等为代表的传统媒体,随着新媒介技术的出现,有越来越多的渠道和载体(比如网络直播等)可以进行社会责任报告的发布。可以说,在互联网时代,企业举办社会责任报告新闻发布会的门槛和成本可以变低、变小,但传播所覆盖的人群却变得更加多元。

2. 发布主体

目前企业社会责任报告的发布主体可以有两种选择,一种是企业自主组织发布,另一种则是委托相关的专业机构进行集体发布。前者主要依靠企业人力资源部、文化管理部、市场部等部门来组织完成,因他们更熟悉、了解、掌握报告编制前前后后的所有细节,也基于"自己人"的身份更为明确企业在年度社会责任报告中所要特别呈现的重点,因此,在会务安排和议题议程设计上都能更好地掌控。后者则是近些年出现的新的发布主体,比如中国工业经济联合会、中国纺织工业协会等,都承担了行业内多家企业联合发布社会责任报告的工作。

选择行业协会或其他权威机构来集体发布社会责任报告的优点显而易见,"第一,有利于提高企业和社会对企业社会责任报告的重视,发挥企业社会责任报告的利益相关方沟通作用;第二,有利于帮助企业交流探讨企业社会责任报告,提升企业社会责任报告的编制水平;第三,有利于树立企业社会责任报告的典范,吸引更多的企业编制发布企业社会责任报告。"①

---

① 殷格非、李伟阳主编:《企业社会责任报告编制指导》,中国人民大学出版社 2010 年版,第 135 页。

3. 发布议程

在不断的实践中,企业社会责任报告新闻发布会的议程已经大体形成了一定的"程式化",主要包括如下一些必备的要件:

(1)企业负责人致辞,陈述在一个新的社会责任周期内企业社会责任实践的背景和主要成果;

(2)企业社会责任专职领导发布社会责任报告及报告的第三方审验意见;

(3)政府主管部门、行业协会相关领导致辞;

(4)专家、学者等就企业社会责任报告的重点、亮点和创新点进行评价;

(5)利益相关方代表发言。

以上主要议程构成了企业社会责任报告新闻发布会的主要内容,但这些只是必备要件,其在发布会上的出现顺序等完全可以依照企业自身喜好和实际情况自行调整或删补。

4. 发布效果

如前所述,企业精心策划发布社会责任报告的目的,就是为了广而告之,实现企业与各方的有效沟通。那么如何检验发布会的有效性呢?搜集反馈信息并在此基础上着手进行整改,从而达到维护公共关系、扩大品牌影响力的最终目的?为此,有些企业不仅在发布会召开之前便召开新闻通气会,而且还会在发布会之后邀请媒体人、专家和利益相关方代表来讨论在发布会上大家对企业社会责任报告的意见和建议,从而对本次社会责任报告及下次社会责任报告的框架、指标和披露方式等作进一步的调整和优化。

综上所述,企业社会责任报告的发布其实是搭建了信息传播的第一平台,这个平台主要具有两大功能:第一,"聚拢人"。让更多的人知晓企业在社会责任方面的态度、做法、成绩以及未来还将要做什么;第二,"影响人"。让包括企业员工、供应商、股东、投资者等在内的利益相关者都能受到感召,不仅监督企业的社会责任表现,也能从自身做起,履行各自应尽的社会责任。

企业社会责任报告编制和发布过程,环环相扣,是企业实现、改进和提升绩效的一项非常重要的管理实践,虽然这项工作烦琐而又费精力,但其为投资者提供决策依据、为企业提升管理水平、为与社会各界保持沟通等作用显而易见,企业对此保持高度重视还是十分有必要的。

在网络媒介无孔不入的时代,企业一方面要勇于承担社会责任,另一方面还要主动对外发布企业社会责任报告,这种投入有时甚至比巨资进行广告宣传更有效、更能发现新的商机、更能创造价值、更能赢得信赖。将社会责任报告的发布会打造成企业外宣的重要窗口,已成为越来越多企业的共识。

(二)企业社会责任报告的传播

严格来说,企业社会责任报告的发布是传播的第一步,而这里所说的"传播",主要指企业如何借助各种媒体来实现社会责任报告在发布之后的"广而告之"。

从实践来看,无论是传统媒体还是新兴媒体,都可以通过自己的渠道和平台促进企业社会责任报告的扩散,一些有影响力的媒体组织甚至能够以"伙伴"和"利益相关者"的身份去帮助、辅助其企业社会责任报告的对外传播,并设法利用一切可以利用的方式使其"传之弥远""播之弥广",最终成为企业社会责任报告不可或缺和不可替代的传播力量。

当前,随着企业社会责任理念的发展与普及,已经有越来越多的企业通过报纸、广播、电视、杂志、网络等媒体形式向社会和公众传递社会责任实践的相关信息,并借此渠道来构建企业的社会信用体系和可持续发展品牌,实现企业社会责任与经济绩效之间的相互促进。

传统媒体大多具有较高的权威性、公信力以及良好的口碑,尤其适合在特定的重要信息发布当口给企业"加冕",赋予其合法性和荣誉地位,其平台优势和可信度都是企业所特别看重的,也为消费者、投资者和监管部门等考量和评价企业提供了主要参考。

而以互联网技术为依托的新兴媒体,凭借自身的海量信息、强交互性等特质也逐渐为企业所青睐,其在企业责任信息传播方面更快捷、更高效、更全面,是企业与外部环境实现社会责任信息交换的重要抓手,并且能够弥补传统媒体时效性较差、版面资源有限、投入成本较高等方面的短板。

当前,在媒体融合的时代背景下,无论是传统媒体还是新兴媒体,都在积极主动地介入企业社会责任报告的信息传播实践,今后两者只有不断融合和相互配合,才能以更低的成本和更高的效率服务于企业社会责任的发布与传播。

企业社会责任报告的传播载体

媒体类型 传统媒体	广播	电视	报纸	杂志	书籍
新兴媒体	门户网站、论坛	企业官网	微博	微信	客户端

总的来看,媒体对企业社会责任的传播方式主要有三种:一是将企业社会责任履行情况作为新闻事件进行报道;二是对企业履行社会责任状况进行评估;三是与其他机构合作开展企业社会责任研究。①

就具体手段而言,"议程设置"和"框架建构"是媒体推广和扩散企业社会责任报告最常用的两种手段。前者使企业的社会责任议题可以顺利地进入公众视野,而后者则可以为公众提供理解企业社会责任议题的特定路径。也正是由于对这些手段掌握着控制权,媒体在与企业打交道的过程中往往处于强势,而企业也通常会成立类似公共关系管理部、文化部、企划部等机构来建立、维护和加强与媒体之间的关系,从而最大限度地借助媒体力量宣传企业社会责任报告,打造企业的核心竞争优势。

1. 议程设置

近年来,随着媒体对企业社会责任问题的深度关注以及对企

---

① 张文祥、李新颖:《企业社会责任传播:理论与实践》,社会科学文献出版社 2014 年版,第 39 页。

业社会责任理念理解的不断拓展,媒体在企业社会责任实践中发挥的作用也在悄然发生变化,而其中最显著的变化之一便是媒体越来越能在社会公共领域掀起有关社会责任的"话题风暴",制造社会责任的"舆论热点",这正是议程设置功能的充分体现。

作为新闻传播学中一个极为重要的概念,"议程设置"最有影响力的表述来自于美国政治学家伯纳德·科恩(Bernard Cohen),他在《新闻媒体与外交政策》一书中指出:"在许多场合,报刊在告诉人们应该'怎样想'时并不成功,但是在告诉读者'想什么'方面却是惊人地成功的。"[①]这同样也适用于媒体对企业社会责任报告的传播。当媒体对企业的社会责任表现进行报道时,企业的不负责任行为(比如环境污染、食品安全问题、安全生产事故、医疗卫生和药品安全问题等等)和负责任行为(比如公益慈善、节能减排等等)都会成为"媒介议程"被公之于众,进而成为"公众议程"或"政府议程",最终演变为社会舆论批评、质疑的靶子或宣扬、示范的旗帜。从这个意义上说,企业必须高度重视媒体在社会责任信息传播中的议程设置功能,尤其是在关键时刻一定要与媒体联手精心设置相关议程,以谋求经济绩效和社会绩效的"双效"并进。

2. 框架建构

1955年,英裔美国人类学家、心理学家贝特森(Bateson)在《一个关于戏剧与幻想的理论》一书中提出:"框架是一种元传播。

---

① 转引自李元书主编:《政治体系中的信息沟通——政治传播学的分析视角》,河南人民出版社2005年版,第280页。

任何信息,无论是清晰的还是含蓄的,都界定了一个框架。它根据事实本身,给接收者以指导和帮助,使他们能理解包含其中的意义。"①

在此基础上,恩特曼进一步提出"框架实质上包含选择和凸显。框架某事或某个议题,就是选择所感知的现实的某些方面,使它们在传播文本中更显著,通过这样的方式来形成一个问题的独特界定、因果解释、道德评价和/或应对建议"②。

环顾当前我国的企业社会责任信息传播实践,媒体的框架建构功能尚未得到广泛的重视,但实际上媒体采用何种框架报道企业的社会责任议题,直接关系到企业将收获何种性质的社会评价以及何种社会舆论基本走向。

以社会关注度较高的企业慈善捐助为例,媒体的报道和宣传既可以采用企业家框架(着力塑造企业家的慈善形象),也可以采用企业框架(着力突出企业整体的慈善贡献),而以上不同框架的选取看似同一个事件,但在传播效果上却可能完全不同。尤其在当前社会环境日趋复杂和社会舆论日趋敏感的背景下,媒体建构和使用何种企业社会责任框架,甚至有可能会直接决定企业在责任投资方面的实际收益。

当然,从企业社会责任报告的发布到媒体的深度介入,这些环环相扣传播过程的设计和实施,其实检验的是一家企业信息披露

---

①　杜涛:《框中世界:媒介框架理论的起源、争议与发展》,知识产权出版社2014年版,第1页。

②　杜涛:《框中世界:媒介框架理论的起源、争议与发展》,知识产权出版社2014年版,第62—63、69页。

与沟通机制的运行情况。当一家企业的信息披露与沟通机制运行状况良好时,无论是企业自身的宣传部门还是媒体组织,都会更加积极主动地对其精心编制的社会责任报告进行报道和宣传;反之,则有可能陷入"无人问津"的尴尬境地,于企业自身的形象建设和品牌建设毫无益处。

第三章

我国出版企业社会责任报告的
现状、问题及对策

社会责任(Social Responsibility)一词从出现在 20 世纪初的西方工商界,到后来被定义为"企业社会责任"是因为随着社会责任涵盖面的不断扩大、参与者的增多和多样化,社会责任不仅仅是由企业来承担,各类组织都应当共同承担,于是,"社会责任"代替了"企业社会责任",但内涵依然是各类组织在生产经营过程中要承担应尽的社会责任,企业社会责任报告也被简称为 CSR 报告。

前面已经提到,对"社会责任"概念的解释五花八门,不同国家、学术界、理论界、企业界等 一直争论不休。有学者研究后发现,全世界各个组织对这个概念的解释有 250 种之多。但是,普遍被认为具有权威性的解释是 ISO26000 国际标准中对"社会责任"的定义,即"组织通过透明和道德的行为,为其决策和活动对社会和环境的影响而承担的责任"[1]。

英国学者约翰・埃尔金顿(John Elkington)提出著名的企业

---

① 李丽、吴晶等编著:《社会责任与 ISO26000 国际标准解读》,中国标准出版社 2013 年版,第 229 页。

履行社会责任的"三重底线"学说,认为企业应承担经济责任、环境责任和社会责任。三重底线理论简明扼要、范畴清晰、容易理解和操作,为企业编制社会责任报告提供了重要的理论依据。其次就是利益相关方理论(也有人称其为利益相关者理论)。这个理论强调企业在创造经济效益的过程中,必须担负起与其存在利益或权利关系的群体或个人的责任,要兼顾和平衡各个方面的利益,实现可持续发展。利益相关方理论最明显的特点就是强调,企业不能只为股东或投资人赚钱,而是要让利益链条上的每一个环节都受益。

我国出版企业在编制社会责任报告时,多参照国际上普遍被认同的 ISO26000 国际标准、联合国全球契约十项原则、可持续发展报告指南等主流标准;这些标准的实质内容都与被广泛认同的"三重底线"理论和"利益相关方理论"等密切相关。

一、我国出版企业社会责任相关政策及渊源

企业社会责任具有很强的行业特点,因此,没有一个关于社会责任方面的政策或者理论能完全涵盖和适用于所有企业。加之在经济社会复杂多变的背景下,不同性质企业在社会责任管理和社会责任信息披露等方面有较大差异,因此,包括出版行业在内,各行各业都在根据实际制定本行业的社会责任范畴、政策和实施机制。

1983 年 6 月 6 日颁布的《中共中央、国务院关于加强出版工

作的决定》第五条有这样的阐述:"社会主义的出版工作,首先要注意出版物影响精神世界和指导实践活动的社会效果,同时要注意出版物作为商品出售而产生的经济效果。出版部门要坚持质量第一,尽最大努力,把最好的精神文化食粮供给人民,各类图书都要力求做到选题对路、内容充实,都要力求有尽可能高的思想性、科学性或艺术性,反对粗制滥造。出版部门要加强经济核算,提高经营管理水平,在各个环节上克服浪费,有效地利用人力、物力和财力,注意经济效果,但绝不能单纯追求利润,否则,就不能克服和防止精神产品商品化的现象,就不能保证我们的出版工作的社会主义性质和方向。"

从30多年前的这项政策中依稀可以看出,当初国家对出版部门的要求比较宏观、笼统和初步,只是委婉地希望引起出版部门"注意经济效果,但绝不能单纯追求利润"。从对出版部门提出"尽最大努力,把最好的精神文化食粮供给人民""反对粗制滥造……,在各个环节上克服浪费"等表述中可看出,当初已经意识到企业不盈利是对社会资源的一种极大浪费,但还不能将这些认识上升到出版企业社会责任的高度。

之后的若干年里,国家不断出台相关政策,引领出版企业努力把社会效益和经济效益统一起来。2010年,我国非公益性质的出版社基本完成转企改制工作,出版单位的企业属性进一步明确,虽然说这个阶段的出版企业还没有清晰的社会责任管理体系,但作为文化企业应该履行社会责任的认识已经存在。

2015年2月19日,党的新闻舆论工作座谈会上,习近平总书记用"48 个字"强调了党的新闻舆论工作的职责和使命,要求新闻舆论工作者牢记社会责任,不断解决好"为了谁、依靠谁、我是谁"这个根本问题。同年 4 月 19 日,习近平总书记主持召开网络安全和信息化工作座谈会时强调,一个企业既有经济责任、法律责任,也有社会责任、道德责任。作为在舆论领域有举足轻重地位的出版企业来说,责任要求提到了前所未有的高度。

2015 年 9 月,中共中央办公厅、国务院办公厅印发《关于推动国有文化企业把社会效益放在首位、实现社会效益和经济效益相统一的指导意见》(以下简称《意见》)。《意见》明确指出:"随着社会主义市场经济深入发展和文化体制改革不断深化,国有文化企业积极参与市场竞争,经营性文化事业单位规范进行转企改制,一大批图书出版……文化内容生产和文化信息传播企业迅速成长……有力促进了文化产业发展和文化市场繁荣……文化企业提供精神产品,传播思想信息,担负文化传承使命,必须始终坚持把社会效益放在首位、实现社会效益和经济效益相统一。"

《通知》"总体要求"最后部分是这样表述的:"尊重企业法人主体地位和自主经营权,强化政策引导,严格依法监管,注重道德调节,坚守社会责任,把两个效益相统一的要求落到实处。"《通知》第九部分也就是"加强组织领导"部分,对文化企业提出明确要求:"探索建立国有文化企业社会责任报告制度,开展社会评议,建立健全行业自律制度。"

从 30 多年来这些行业政策的变化中可以看出,国家对出版企业社会责任的要求从朦胧逐渐变得清晰,措施由笼统变得越来越具体。企业对社会责任的认识和履行能力,与国家政策的引领密切相关,与自身经济实力的增强密不可分。出版企业由小到大、由弱到强的过程中,履行社会责任的能力也在一步步增强;出版企业发展越快、越强大,肩负的社会责任也就越多、越大;对社会责任的理解和接受也会由被动接受变成自觉履行。这是出版企业成长的过程,同时也是出版企业社会责任实践发展必经的过程。

二、我国出版企业社会责任报告的现状

在我国,从企业社会责任报告发布的现状中可以看出,较早开始发布报告的往往是那些为媒体和公众所普遍关注甚至集中诟病的"问题行业",比如对环境产生负面影响的传统企业(钢铁企业、化工企业、建材企业等)。随着企业社会责任理念的普及和市场经济体制改革的深入,越来越多的行业也被自觉召唤到企业社会责任实践中来,并定期对外发布企业社会责任报告,出版行业也不例外。

社会科学文献出版社于 2013 年 12 月正式发布了《社会科学文献出版社企业社会责任报告(2012—2013)》,成为中国出版业内单体出版社的首部系统化企业社会责任(CSR)报告。① 2015 年他们发布了《社会科学文献出版社企业社会责任报告(2013—

---

① 中国首部单体出版社企业社会责任报告发布,见 http://politics.gmw.cn/2013-12/02/content_9674977.htm。

2014)》;2017 年 2 月,这家出版社在京召开新闻发布会,隆重发布出版社 2015 年度企业社会责任报告。

尽管我国出版行业有社科文献出版社这样自觉自愿、高水准发布企业社会责任报告的企业,但同时也必须看到,就我国出版行业整体而言,大多数企业接触到社会责任理念的时间较晚,能够编制发布社会责任报告的企业更是凤毛麟角,并且与其他行业相比,报告的水准普遍较低。下面从几方面进行具体分析。

1. 出版企业承担社会责任的边界探讨

如前所述,社会转型期出版企业履行社会责任的意义无须多言,但其履行社会责任的边界却是一个与时俱进、值得不断探讨的重要议题。从学理探讨的视角来看,当我们讨论这一议题时有以下两个方面需要重点观照。

(1)利益相关方的变动

随着时代的发展,一家出版企业的利益相关方及其在企业发展中的重要性是极有可能发生变化的。比如,在电商经济出现之前,出版企业最重要的利益相关方之一便是新华书店和其他民营实体书店,其几乎占据了图书销售的全部体量。然而,当当和亚马逊等网络书店火爆之后,书籍的营销主体被前所未有地扩充和丰富,出版企业对网络书店的依赖日盛,甚至自己也纷纷开设了网络销售平台。这其实说明了出版企业的商业伙伴在互联网技术的飞速发展中有了新变化,传统业态零售终端的重要性也在减退,而新兴的网络和移动网络购书平台成为非常重要的销售商。对此,出版企业在利益相关方的认定与管理方面就要相应地进行调整,以更有效地维护与商业伙伴的利益纽带,订立更为合理的商业契约,营造更好的经营秩序。

(2)对"出版文化责任"的强调

如果参照卡罗尔企业社会责任的金字塔模型考量出版企业,便不难发现文化责任在其中处于一种语焉不详或者说不清晰的地位(这也间接体现了该理论在本土化过程中的"水土不服")。但就我国的实际情况而言,文化责任恰恰是出版单位转企改制后需要特别予以强调,甚至优先于经济责任的一种社会责任。

众所周知,我国的出版单位并非普通的、仅仅以赢利为目的的企业组织,"历史地看,出版既是文化传承、传播的手段和工具,又通过批判或鉴别实现建构社会文化的功能。为了防止文化传播过程中泥沙俱下,出版活动都包含着价值判断,只是决定价值判断的因素不同而已。可以说,出版是源于文化、选择文化和创造文化的活动,并最终以促进社会文化的进步为旨归,因此,文化是出版活动的目的。文化责任是出版企业的内生责任,出版企业履行文化责任是其出版活动的题中应有之义。"[1]

出版企业的文化责任是可以被纳入社会绩效考察范围中的,这也提示出版企业在进行社会绩效指标设计时,应充分考量践行文化责任的可能形式与评价标准。

---

[1]　蔡翔、陆颖等:《理想与市场之间:出版单位转企改制后社会责任研究》,中国传媒大学出版社 2013 年版,第 59 页。

2. 出版发行领域三类企业发布了企业社会责任报告

据不完全统计,出版发行领域迄今已经有三种类型的企业组织发布了企业社会责任报告,分别是单体出版社、出版集团和新华书店。这些企业社会责任报告集中展现了企业自身社会责任践行的成果,并在不同程度、不同层面上分析了出版发行运营中存在的关键可持续发展问题,以及如何将社会责任践行与企业经营管理融合,实现多方和谐共赢发展等问题。

在单体出版社中,社会科学文献出版社堪称出版机构社会责任领域的一面旗帜。作为我国重要的哲学社会科学学术出版平台,该社社会责任报告的编制和发布可以喻为"企业家推动"的典型案例。在谢寿光社长的带领下,社科文献出版社不仅在日常出版活动中加大了社会责任的落实力度,而且全面、积极和富有成效地将社会责任纳入企业整体的战略管理、运营实践与企业文化培育中,在短短的几年里便树立了学术出版企业社会责任实践和发布报告的典范。

出版上市集团社会责任报告的发布,则多少带有"法律法规强制"属性。因为根据与上市公司相关的《公司法》《合伙企业法》《劳动法》《消费者权益保护法》《工会法》等多部法律的要求,出版企业法人必须按年度公开报告自身的社会责任实践。另外,上海证券交易所和深圳证券交易所也早就发布了相关指引,要求或鼓励上市公司发布有关各自企业社会责任绩效的报告。而这类来自证券交易所的指引或多或少带有强制意味,其明确了上市出版企业除了应承担一般出版机构都要承担的社会责任外,还应当承担"特殊"的社会责任,即信息责任披露、回报投资者责任以及稳定股价责任等。作为对上述证券交易指引的回应,时代出版、出版传媒、中文传媒、凤凰传媒和中南传媒都先后在社会责任报告中披露了其回报投资者的利润分配方案。

——2013年度、2014年度、2015年度,时代出版每10股派发现金红利分别为2.1元、2.32元、2.34元;

——出版传媒每10股派发现金红利分别为0.39元、0.41元、0.44元,各自均占当年归属于上市公司股东净利润的30%;

——中文传媒自2010年上市以来,已累计实施4次现金分红,派发现金红利累计8.58亿元;2015年度拟派发现金红利1.10亿元;

——凤凰传媒于2015年7月、12月,每股分别派发现金股利0.10元、0.10元,共计现金5.09亿元,占2014年公司净利润的12.22%;

——中南传媒2014年度向全体股东每10股派发现金2.7元,合计派现4.8亿余元。①

在搜集资料的过程中,我们看到2016年7月29日的中国出版网发表题为——"新华书店首次发布社会责任报告"的消息。该报道称:"7月28日上午,《中国新华书店社会责任报告书》发布。这是新华书店成立近80年以来,首次向社会发布责任报告。

---

① 以上信息源自2016年5月9日《中国新闻出版广电报》。

报告书集中反映了新华书店成立以来,特别是近几年在履行社会责任、发挥国有文化企业的引导和示范方面所做的工作。其中包括:加强网点建设,体现社会责任。全国网点数'止滑回升',实体门店呈现全面铺开、增势凸显,因地制宜、大小并举,重装改造、升级换代,特色书店此起彼伏的特点。精心组织活动,助推全民阅读。通过开展周期性读书活动,加大展会投入、打造读书'嘉年华',开展特色阅读把读书活动引向深入。确保重点发行、服务全国大局。热心帮困、倾力公益。"①

在这样一份一次性囊括了(2013—2015)两个年度社会责任状况的报告中,可以强烈地感受到"改革倒逼"下,传统书店由被动应对向主动拥抱的转变。"店堂为读者而开、环境为读者营造、服务为读者提升"既是新华书店希望得到社会各界更多认识和了解的恳请,也是向利益相关方作出要更好履行社会责任的表白。

不过遗憾的是,目前作为重要的利益相关者,读者仍然无法在网络上便捷地找到这份报告的全文和原貌,只能在相关媒体的报道中获得片断信息。总的来说,我国出版发行行业社会责任报告的发布已经初步具备"企业家推动""法律法规强制"以及"改革倒逼"三种模式。而从以上三种模式中我们也可以发现,更多关于出版行业社会责任报告发布背后的动力与压力所在。深入了解和解读这些现象,无疑将为推动出版行业更好地从事社会责任实践提供现实依据。

---

① 新华书店首次发布社会责任报告,见 http://www.chuban.cc/yw/201607/t20160729_175057.html。

三、我国出版企业社会责任报告发布中存在的问题及对策

（一）问题表征

1.数量有所增长，质量水平不高

有资料显示，截至 2016 年 11 月，中国企业社会责任报告评级专家委员会共收集到 1710 份企业社会责任报告。由此可见，我国企业社会责任报告的数量已经进入一个惊人增长的阶段。但与其他行业相比，出版行业社会责任报告的发布单位尽管有所增加，但整体规模还十分有限，质量水平也相对较低。首先就整个出版行业而言，几家先进示范企业的出现并不足以说明社会责任实践已经开展得非常到位。毕竟目前在全国 580 多家出版企业中，还有绝大多数的机构尚未启动社会责任信息披露工作。其次，还有一种情况是不容忽视的，即出版机构自身实力不足，尽管也关注和重视社会责任实践，但往往是"心有余而力不足"，有些单位拿不出相应的人力物力来支撑社会责任报告的编制与传播。再次，如果考察和研读那些已经公开发表的出版企业社会责任报告，不难发现，超过一半的报告文本在结构上还有待完善，有的甚至没有严格遵守报告编写的基本原则和规范，直接导致出版企业社会责任报

告的指标覆盖范围不足,国际化水平不高,最终无法实现与利益相关方的顺畅交流与沟通。综上所述,本研究对当前我国出版企业社会责任报告质量的总体概括是:已发布社会责任报告者基本属于起步的初级阶段水平,未报告者需要尽快跟进,以促进出版行业社会责任信息披露工作水平的整体提升。

2. 责任理念加深,信息披露不够

企业社会责任信息披露是企业向利益相关方说明其经济、社会和环境影响的过程,是企业履行社会责任的综合反映。[①] 当前,一些出版企业已经开始或强制或自愿地进行社会责任信息披露,但可能出于维护企业形象和品牌形象的考虑,个别出版企业社会责任报告信息披露的广度和深度还有欠缺。比如为了在激烈的书业市场竞争中最大限度地维护公司价值,相当多的出版企业并未主动报告图书库存信息,从而不利于利益相关者的投资判断与投资决策。另外,很多出版上市集团一旦遭遇业绩滑坡,往往不愿对投资者"坦诚相见",躲躲闪闪发布的"有限披露范围"的年报极有可能误导投资者,使其在模糊信息环境中产生财务损失。而"在履行信息披露义务方面,凤凰传媒树立了一个样板。2015 年我国证券市场出现史无前例的剧烈波动,牛市和股灾交替上演,各公司股价随之大起大落。在这种情况下,凤凰传媒采取主动邀请实地考察、密集参加知名券商策略会、见面会进行推介、联系权威研究员撰写报告、召开规

---

① 彭华岗:《中国企业社会责任信息披露理论与实证研究》,吉林大学 2009 年博士学位论文。

模投资者见面会等方式,结合高管增持、并购重组等重要事项,吸引基金建仓"①。这无疑也提示各个出版企业:丰富且充分的社会责任信息是上市公司的履职表现,是对投资者信任的回报,反过来越是有担当的出版企业越能得到投资者的青睐与忠诚。

3.形式日趋多元,创新程度不足

当前,不同出版企业的社会责任报告形式差异显著,用心者年年都在思考、挖掘有没有新的手段和新的技术去丰富报告,而疲于应付者则在产品创新度方面无法满足各方的期待。众所周知,出版是典型的文化创意行业,出版"好看的书"甚至是出版企业在传统领域比拼的一种终极形态。不仅如此,出版行业又是与文字打交道、与文字为伍的行业,从这些角度出发,出版企业的社会责任报告没有理由不字斟句酌和精心设计。然而环顾当下不难发现很多出版企业社会责任报告面目并不可爱,无法激发读者的阅读兴趣,"年年岁岁花相似",缺乏创意和创新主要表现在以下两个方面:第一,披露主题的相关指数方面缺乏想象空间。这种想象空间的建立不是凭空的,而是企业对自身特点、特性、成长轨迹以及未来发展趋势的综合考量。出版企业家家不同,各有各的优势,各有各的问题,如何在其中精准地聚焦企业自身的诉求、利益相关方的诉求,进而定义出与此相关的核心议题,是需要"用心"去做的。这些核心议题的生成,在某种意义上使出版企业社会责任报告对

---

① 左志红:《让书业流淌道德的血液》,《中国新闻出版广电报》2016年5月9日。

员工、读者、作者、合作伙伴、股东、社区、环境、学术界等都会产生良好的识别度,当读者在阅读"这一份"出版企业社会责任报告时,就会理解"这家"出版企业在坚持什么,在向社会输出什么价值观,在生产什么品质的文化产品,在为社会整体福利贡献什么,第二,出版企业社会责任报告对新兴技术的应用水平不高。究其原因,一方面可能是由于企业对社会责任报告编制工作没有引起足够重视,另一方面可能是由于有些出版企业的实力有限,无法在这方面给予更多的资金投入。

综上所述,目前我国出版行业社会责任报告的信息披露实践还存在很多问题,未来还有很多的工作要做,可以深挖的潜力也非常巨大。一方面,研究者和实践者都应主动研究领袖型的企业社会责任报告,取人之长,补己之短;另一方面,还要积极吸纳社会各种力量和利益相关方来对社会责任报告提出建议和意见,不断拓展和完善相关的社会责任议题,从而在整体思路和具体路径上有所突破。

(二)解决对策

1.整体思路

(1)认知层面——让出版企业了解

根据学者的观察,"2006 年作为中国企业社会责任元年有三个重要标志:一是,2006 年元月份新修订的《公司法》第五条要求公司'承担社会责任';二是,十六届六中全会通过的《中共中央关于构建社会主义和谐社会若干重大问题的决定》倡导包括企业在内的各种组织通过履行社会责任,参与和谐构建;三是,温家宝总理对国家电网首份社会责任报告作肯定的批示。上述从法律、党的纲领和中央政府三个层面对企业承担社会责任问题予以明确的肯定。从此,企业要不要履行社会责任已不再是一个争议的问题,企业应当履行社会责任开始得到普遍的认同。"①在随后的十多年里,中国的各级各类企业已不再纠结要不要履行社会责任,而是逐渐转变为企业战略发展的必然选择。从少数企业的自发行为到有越来越多的行业自觉地从事企业系统管理实践,都在显示社会责任管理的新时代已经到来。但就实际而言,我国出版行业的社会责任认知仍然停留在较为初级的层面,很多出版单位更是由于转企改制后的经营困境而无力进行更多更有效的社会责任实践。因此,今后应当继续加大出版行业社会责任信息披露重要性和具体方法的宣传,使更多的出版企业和出版从业者认识到,今后只有履行社会责任,定期发布社会责任报告,才能实现出版经营活动的良性运转,才能以社会责任实践为契机破解出版企业面临的生存压力或发展瓶颈。

(2)态度层面——让出版企业认同

当有更多的出版企业了解到社会责任实践的重要性和必要性时,还需要有个态度接纳的问题。有的出版企业可能之前就接触过社会责任的相关信息,或感受到过社会责任实践的内外部压力,

---

① 殷格非:《2012:中国企业社会责任管理元年》,《WTO 管理导刊》2012 年第 7 期。

但上至高层管理者,下至普通员工,都不愿投入财力和精力去完成责任信息发布工作,或仅仅是为了应付差事,因此,就出现了个别出版企业社会责任报告干瘪空洞、乏善可陈,甚至连国际通行的企业社会责任报告编制标准都不去研究、参考和比对,只顾自说自话。从这个角度来说,出版企业社会责任信息披露工作还任重道远,现在有必要扭转一些出版企业主要负责人的观念和态度,要使其深刻认识到,在当今激烈的出版市场上,践行社会责任、发布能全面真实反映企业履责水平的社会责任报告不仅仅是自我生存的需要,也是竞争者、合作者、读者、作者等各种利益相关群体的共同诉求,这种诉求能够让出版企业有更大的动力去改进生产经营活动,有足够的压力去审视和纠正自身非利润表现是否有利于增加社会的整体福利,有充分的意愿与全体社会成员分享企业发展的红利。

(3)组织层面——要确定管理主体

对于出版企业而言,其作为管理主体所形成的组织文化和组织战略是推动社会责任报告编制、发布的根基所在。如何以利益相关者的价值和需求为导向,建立健全各种规章制度来约束和激励整个出版企业实践利益相关者价值驱动的发展之道,从机制上保证从事社会责任报告和信息披露相关负责人具有卓越的执行力和实践能力,都是出版企业亟待破解的重要议题。不仅如此,转企改制的出版企业还应当在日常的营运管理、商业模式以及经营战略中,努力提炼和全面阐释企业核心价值理念,并审慎选择具体而生动的案例进行佐证,最终稳定、积累和延续成为带有企业自身鲜明特质的社会责任体系。在这方面,社科文献出版社成立了由副社长牵头的社会责任报告研发团队。在社领导的直接带领下,该团队不断探索,在连续发布社会责任报告的过程中逐渐发现和形成了自己的"七为"利益相关者理论,并试图以此为突破口,确立出版社在国际出版领域里的对话资格与地位,从而促进自身的成长和壮大。

(4)执行层面——要明确执行标准

通过考察和比照其他行业社会责任报告的披露情况发现,大多数公司都会采用国际上较为普遍的由全球报告倡议组织(GRI)发布的可持续发展报告指南(G3)①或利益相关方理论对社会责任报告进行编制。在我国,2009 年 12 月,中国社会科学院经济学部企业社会责任研究中心发布了《中国企业社会责任报告编写指南(CASS-CSR1.0)》(简称《指南 1.0》),这是我国第一本社会责任报告编写指南。截至 2016 年,该指南体系已经更新迭代到了3.0 版本,2017 年要完成 4.0 版本的全新修订。社科院的企业社会责任编写指南体系完整见证了我国企业社会责任报告领域发生的从"懵懂发展"到"战略思考"的深刻变革历程,并且有创造性地提出了包括组织、参与、界定、启动、撰写、发布和反馈等环节在内的报告"全生命周期管理"概念,因此也成为迄今企业编制社会责任报告时的首选指南。总的来说,CASS-CSR 系统不断与时俱进,

---

① 2000 年,全球报告倡议组织(GRI)发布了第一代《可持续发展报告指南》。2002年,该组织正式发布修订后的第二代《可持续发展报告指南》(简称 G2)。2006 年,发布了《可持续发展报告指南》第三版(简称 G3)。

以增强自身的国际性、科学性、工具性、行业性和适用性,从 1.0 到 2.0 再到 3.0 乃至最新的 4.0 版本的修编,都体现了一种尊重使用者的意见和建议,不断突破自我的创新精神。

实事求是地说,CASS-CSR 系统对出版行业而言,其尚难称之为完全有效的工具。之所以这样说,原因有二:第一,CASS-CSR系统一直遵循的"逐行业编制,逐行业发布"的模式,其目前没有完成对出版行业的指南编制工作。换言之,就是如果出版企业想用这一指南也很难找到完全对应的标准;第二,CASS-CSR 系统历经 4 代更新,已基本形成较为完整和封闭的模板生产机制,其行业社会责任议题主要有三个维度:市场绩效、社会绩效和环境绩效,对出版行业来说,至关重要的文化责任如果内嵌于社会绩效之中,则需要做较大的特定指标调整,这也非易事,需要有懂出版、懂文化产业的机构和人员参与进来。正因为有上述问题的存在,所以我们看到出版机构社会责任报告的先行者们大多综合采用了多机构、多体系"混搭"的指标体系(其中杂糅了全球报告倡议组织(GRI)、ISO26000 社会责任指南①、CASS-CSR 中国企业社会责任报告编写指南,等等)来编写自己的社会责任报告。这种做法也实属无奈,好处是取多家之长,而问题也很明显,就是这些社会责任报告可能在与国际接轨和标准化等方面都有所欠缺。从这个角度来说,出版行业亟须制定与这个行业发展特质相吻合、能够指导这个行业发展趋势的社会责任

---

① ISO26000 是由国际标准化组织制定的社会责任领域的国际标准。

报告编写指南。

（5）评价层面——限定准入门槛

如前所述，目前承担包括出版行业在内的企业社会责任报告审验的主体主要是一些中介机构，这些机构有的具有官方背景，有的具有学术色彩。但我们认为，今后出版行业社会责任报告的审验需要有明确限定准入门槛，需要有"专业的人来做专业的事"，熟悉和了解出版行业显然应当成为首要条件。由此，第三方审验主体可以将行业协会、学术科研机构以及与此相关的媒体都纳入进来，形成更为全面和权威的审验生态。比如，与出版相关的行业协会本身就是具有较大社会影响力和公信力的民间组织，其如果能够介入社会责任报告的审验中去的话，势必可以在更广大的范围推广社会责任报告的理念，提升我国出版企业社会责任报告的整体质量，在更高层次上发挥社会责任报告的内在价值和综合价值，推动出版企业从传统管理向社会责任管理转型。

以上分析了提升出版企业社会责任报告水平的宏观思路，需要特别强调的是，出版行业的社会责任报告发展不是一蹴而就的，需要各个层面的携手促进，各级政府和行业协会等务必要发挥引领作用，在政策和组织上给予大力的扶持，为出版企业社会责任报告的内容完善、质量跨越和规范提升作出应有的贡献。

2.具体路径

（1）通过国际对标促水平提升

与国际通用标准接轨、按照国际通用标准来编制社会责任报告,想必是所有出版机构都希望达到的境界。但从目前的实际情况来看,很多出版机构在国际对标方面还存在这样或那样的不足。比如,很多出版企业对于负面信息的披露还存在很多顾虑,有的即使涉及了也是点到为止,这也会导致我国出版企业在"走出去"的过程中不能以更为透明的形象与国际出版组织进行合作与谈判,阻碍了版权交易和企业收购行为的开展,甚至成为国际大型出版商指责我们不够专业化、国际化和规范化的主要理由。再比如,很多出版企业社会责任报告的分级意识不够清晰,常常会不分重点、不分层次地进行企业的信息披露,影响社会责任报告完备编写机制的最终确立。此外,到目前为止,我国还没有出版企业采用中英文对照的方式编写和发布社会责任报告,其实发布英文报告也可以被看作是与国际接轨的一种直观形式。

(2)通过行业审验促信任升级

一般情况下,企业社会责任报告发布以后,会聘请专业的社会责任报告审验机构或会计师事务所承担审验工作。这些从事行业评审的第三方中介机构,凭借自身的专业指导性,在客观上促进了整个行业社会责任理念的普及,提升了社会责任报告的整体水平。同时,这些机构也往往能够在积极正面的评价中,指出出版企业社会责任报告存在的问题。如果再通过横向与纵向的比较,第三方审验还可以向企业提出改进与创新的建议。除此之外,这些独立审验机构(比如国际知名会计师事务所、权威的非金融机构)的介入、外部知名专家的评审、国际通行标准的参考(比如道琼斯可持续发展世界指数 DJSI World)、审验机构自身的行业排名及其评价信用系统的社会认知,还会在整体上推动我国企业社会责任报告的可信度,弥合企业与读者、商业伙伴、社区等利益相关者之间可能存在的"信任鸿沟"。从这个角度来看,出版行业在行业审验方面还有许多工作要做。

(3)通过社会宣讲促品牌建设

在出版企业社会责任的传播过程中,媒体的作用日益重要。特别是在当下出版行业整体发布社会责任报告数量有限、质量有待提升的背景下,特别需要媒体来为这一事业"鼓"与"呼"。比如,通过参加社会责任报告的发布会,媒体可以详尽报道出版企业组织编写和发布社会责任报告的过程,有何创举,有何不足,出版同行可以借此机会学习、参考和借鉴。另外,媒体的努力宣讲还会加速出版行业社会责任报告指南的出台,而这正是当前阻碍出版企业进行社会责任信息披露的主要瓶颈所在。从某种程度来看,媒体的宣传能够在很大程度上帮助出版企业社会责任实践被社会公众所知晓,从而有利于出版品牌的建设和打造。

2016 年 10 月 30 日,"首届中国社会责任百人论坛暨企业社会责任蓝皮书 2016 发布会"在北京举办,并连续八年发布《企业社会责任蓝皮书》。在《企业社会责任蓝皮书(2016)》中,中国社会科学院工业经济研究所所长黄群慧发表了题为《展望"十三五":开启社会责任新时代》的文章,他认为:"社会责任新时代的到来,为我国社会责任的政策制定者、理论研究者及责任践行者都带来了很多的启发和思考,在此背景下,我国企业社会责任运动要获得更好的发展,必须重点处理好以下四类关系。第一,从空间上,梳理全球化格局,兼顾国内与海外。第二,从时间上,立足长远发展,平衡长期和短期。第三,从内容上,关注实质议题,理清全面与重点。第四,从方式上,创新传播思路,把握内容与形式。"①上述观点对出版行业的企业社会责任实践可以说大有裨益。

总之,推进出版行业社会责任报告的发布,不仅需要企业自身的努力,也需要成熟完备的出版市场环境的营造、行业主管部门的政策支持以及整个社会舆论氛围的正向激励。在各方的共同努力下,在不久的将来,我国出版行业的社会责任实践必将与国际完全接轨,出版企业也将借助发布社会责任报告的契机提升与世界出版界对话的能力。

---

① 黄群慧、钟宏武等:《企业社会责任蓝皮书(2016)》,社会科学文献出版社 2016 年版,第 3 页。

第四章

我国5家上市出版企业社会责任报告案例分析

我国加入世界贸易组织后,各行各业加快了融入经济全球化浪潮的步伐。在相关组织的倡导和我国政府的积极推动下,大批有影响力并且有强烈社会责任意识的企业不断提升履行社会责任的能力,主动与世界规则接轨。我国出版企业尤其是有责任意识的上市出版发行企业,更是积极、主动、自觉地把社会责任的理念贯穿于经营活动之中,定期把履责信息以社会责任报告的方式向利益相关方公开披露。

社会责任报告作为企业非财务信息披露的重要载体,是企业与利益相关方沟通的桥梁,也是企业审视自身履行社会责任的一面镜子。编制发布一份高质量的社会责任报告,不仅需要对文字、图片等资料具有编辑的能力,更需要对企业社会责任工作有深刻的认识和解读能力。从某种意义上来说,一份企业社会责任报告的质量,也能折射出企业对社会责任工作的重视程度以及履责能力。

2016 年 5 月 9 日,《中国新闻出版广电报》报道的我国在 A 股和 H 股上市的 15 家出版发行上市公司中,有 5 家发布了 2015 年度社会责任报告。这家媒体刊发的《5 家出版发行上市公司发布 2015 年度社会责任报告——让书业流淌道德的血液》一文中有这样一段内容:"从 5 家公司的社会责任报告可见,出版行业上市公司在资本市场大展风采的同时,也不忘自己的社会责任。它们不仅肩负起国有文化企业的使命,也履行作为上市公司的职责,既保护员工的合法权益,也热心社会公益事业,树立了勇于肩负社会责任的良好形象。"

我国 5 家上市出版企业社会责任报告中写了什么内容?这些报告是如何表达出版企业责任信息的?这些报告中有哪些核心议题?这 5 份报告对整个出版行业会有怎样的指导意义?带着诸多求知的渴望,我们于 2016 年 9 月通过网络搜集到了这 5 家企业的社会责任报告,并通过文献分析法和访谈法等方式对这 5 份报告进行了研究和分析,提出一些自己的见解,以期为促进我国出版企业社会责任报告工作提供一己之见。

"从全球企业社会责任发展情况看,当前社会责任制度的实施方式可以归纳为三种:企业自主发布社会责任报告或者相关信息、企业获得采购商第二方社会责任审核、企业获得第三方社会责任认证。"①虽然行业属性在一定程度上影响着企业选择表达履行社会责任的方式,但就目前而言,我国多数企业倾向选择第一种,

---

① 李丽、吴晶等编著:《社会责任与 ISO260000 国际标准解读》,中国标准出版社 2013 年版,第 27 页。

即自主发布社会责任报告。我们认为,5份报告也应属于"企业自主发布社会责任报告或者相关信息"的范畴。

没有社会责任理论,就没有社会责任报告。在对5份报告作具体分析之前,先按时间顺序简要回顾一下我国对上市、国有企业在信息披露方面的相关要求。

一、我国企业社会责任信息
披露的相关政策梳理

2002年,中国证监会和国家经贸委联合发布的《上市公司的治理准则》中规定:上市公司在保持持续发展、实现固定利益最大化的同时,应关注所在社区的福利、环境保护、公益事业等问题,重视公司的社会责任。

2005年修订的《中华人民共和国公司法》第一章"总则"第五条,要求上市公司要有社会公德和商业道德,正式将社会责任和道德结合在一起。

深交所和上交所分别在2006年和2008年发布《深圳证券交易所上市公司社会责任指引》和《上海证券交易所上市公司环境信息披露指引》,敦促上市公司积极参与在保护环境的实践中承担应有的环境保护的社会责任。

2006年9月,深圳证券交易所发布《深圳证券交易所上市公司社会责任指引》,第五条指出:"公司应按照本指引要求,积极履行社会责任,定期评估公司社会责任的履行情况,自愿披露公司社会责任报告。"第三十六条指出:"公司可将社会责任报告与年度报告同时对外披露。社会责任报告的内容至少应包括:(一)关于职工保护、环境污染、商品质量、社区关系等方面的社会责任制度的建设和执行情况;(二)社会责任履行状况是否与本指引存在差距及原因说明;改进措施和具体时间安排。"

2007年3月16日通过的《中华人民共和国企业所得税法》规定,对积极履行社会责任的企业提供相应的税收优惠。

2007年12月29日,国务院国有资产监督管理委员会印发《关于中央企业履行社会责任的指导意见》(国资发研究[2008]1号)。在主要措施部分指出:"建立社会责任报告制度。有条件的企业要定期发布社会责任报告或可持续发展报告,公布企业履行社会责任的现状、规划和措施,完善社会责任沟通方式和对话机制,及时了解和回应利益相关者的意见建议,主动接受利益相关者和社会的监督。"

2008年上交所创新性地提出了"每股社会贡献值"的概念,目的在于尝试对上市公司的贡献进行量化考评,为投资者和社会提供更加客观的决策依据。

2009年中央企业社会责任工作会议上,国资委对中央企业社会责任工作提出八方面的具体要求,其中第六项是:"抓发布,定期发布社会责任报告或可持续发展报告,提高发布质量,加强社会沟通。"

2015年9月15日,中央办公厅、国务院办公厅联合发布《关于推动国有文化企业把社会效益放在首位、实现社会效益和经济效益相统一的指导意见》，明确提出"探索建立国有文化企业社会责任报告制度，开展社会评议，建立健全行业自律制度"。

2016年7月1日，国务院国资委发布《关于国有企业更好履行社会责任的指导意见》。《意见》提出，企业积极履行社会责任，以遵循法律和道德的透明行为，在运营全过程对利益相关方、社会和环境负责，最大限度地创造经济、社会和环境的综合价值，促进可持续发展，是深入贯彻落实党的十八大和十八届三中、四中、五中全会精神，深化国有企业改革的重要举措，也是适应经济社会可持续发展要求，提升企业核心竞争力的必然选择。同时，《意见》还要求中央企业成为履行社会责任的表率，更要求所有国有企业成为履行社会责任的表率。

近些年来，在一系列法律、法规和政策的推动下，通过媒体、协会、各类组织和企业的共同努力，我国企业社会责任工作迈上了新台阶、取得了新成就；更多的企业以更加主动、开放的态度履行社会责任，并以更加透明、客观、规范的方式发布企业社会责任报告。

二、5家上市出版企业社会责任报告现状

"截至2015年年底，全国共有图书出版社584家（包括副牌社33家），其中中央级出版社219家（包括副牌社13家），地方出版社365家（包括副牌社20家）。2015年，全国共出版图书475768

种,图书品种比上年增长 6. 10%。"①

2015 年度的这几个主要数据需要强调一下:584 家出版社、15 家出版发行上市公司、5 家上市出版企业发布 2015 年度社会责任报告。也许 5 份社会责任报告不能代表整个出版行业,也不能代表所有上市企业,但这 5 份弥足珍贵的报告却是让我们揭开冰山一角的切入点。

(一)5 份社会责任报告中值得肯定的方面

1. 引领了方向 树立了榜样

2016 年 3、4 月间,时代出版、中南传媒、凤凰传媒、中文传媒、出版传媒 5 家国有上市出版企业相继发布了 2015 年度企业社会责任报告。这 5 份报告阐述了 5 家上市出版企业在生产经营过程中履行社会责任的具体情况。

时代出版的社会责任报告开篇提到:"2015 年度社会责任报告是公司连续第八年向社会公开发布社会责任报告。本报告根据公司在履行社会责任方面的具体情况编制的,客观、真实地反映了公司在从事生产经营活动中履行社会责任的重要信息。"

连续八年发布社会责任报告,这或许已创下我国出版企业中发布报告次数最多的纪录。通常情况下,企业都是当年编写上一

---

① 左志红:《5 家出版上市公司发布 2015 年度社会责任报告》,2016 年 5 月 9 日《中国新闻出版广电报》。

年度的社会责任报告,也就是说,2016 年编制发布 2015 年度企业
社会责任报告。在搜集资料时,我们注意到这样一条信息:"2009
年 4 月,时代出版传媒有限公司发布了我国出版业第一份企业社
会责任报告。"①时代出版率先在出版行业打破沉默,第一个发布
社会责任报告,应该说这家企业的社会责任意识很强,率先垂范的
态度和做法非常值得全出版行业学习。

　　中南传媒和凤凰传媒分别从 2012 年度和 2013 年度开始发布
社会责任报告。凤凰传媒虽然发布次数不多,但报告披露的内容
比较丰富,读者可从中了解到"十二五"期间这家文化企业在各个
方面取得的斐然成绩以及履行社会责任的具体实践。中文传媒和
出版传媒的 2015 年度社会责任报告是首次发布,他们对社会责任
的理解和报告的编写也有独到之处。中文传媒在报告前言中先说
明报告发布的理由,介绍公司概况之后再对 2015 年度履行社会责
任的状况进行阐述,报告应用了大量数据,具有较强的说服力。出
版传媒的报告则从七个方面较全面地披露了企业的责任信息。

　　之前我们已经阐述过企业社会责任报告的价值,由此我们也
可推断出这 5 家企业是通过披露企业非财务信息,向利益相关方
传递企业 2015 年度经营发展中对经济、环境、社会产生的直接和
间接影响。从发布社会责任报告这一行动中,无论是开辟先河的
时代出版,还是后来居上的中南传媒和凤凰传媒,以及奋起直追的
中文传媒和出版传媒,5 家出版企业为带动整个出版行业发布社

---

　　① 陈霄栋、管曹梦茜:《近年我国"出版企业社会责任报告"问题分析》,《现代出版》
2015 年第 2 期。

会责任报告起到了引领和榜样的作用,他们的做法尤其值得目前尚未发布社会责任报告的其他上市出版企业学习和借鉴。

2. 提炼了议题　提供了参考

社会责任报告是企业履行社会责任的书面呈现形式,利益相关方就是通过其中的核心议题了解企业所做的工作、取得的成绩、存在的不足以及未来的打算,因此,在编制报告过程中核心议题如何提炼、利益相关方关注顺序如何安排也体现了企业的主张。这5份报告中涉及了以下议题:保护股东利益、回报投资者、加强经营管理、强化导向意识、为社会提供精品、保护职工合法权益、保障供应商和客户权益、安全生产、保护环境、促进可持续发展、开展捐赠活动、热心公益事业、获得的各项荣誉等。通过梳理这些内容,5家出版企业既回应了利益相关方关切,又审视了自身的社会责任实践。

总的来看,5份社会责任报告中涉及的核心议题各有侧重,只是个别地方排列出的次序不尽相同,比如时代出版、中文传媒把保护股东利益、积极回馈投资者和维护投资者合法权益等内容放在首位,而其他3家首先强调坚持正确导向和要把社会效益放在首位的理念。中文传媒的报告中先有前言,说明发布报告的原因和依据及报告时间范围,再介绍公司概况,让读者对这家企业有个初步了解以及公司报告期内履责获得的殊荣和每股社会贡献值等内容后,再详细展开企业在维护投资者合法权益,供应商、客户和消费者权益保护,安全生产,环境保护与可持续发展,践行企业核心价值观,营造和谐企业文化,参与社会公益等方面履行社会责任的情况。可以说,中文传媒的报告内容丰富、层次感强,核心议题一目了然,为出版企业编制报告提供了值得参考的样本。

3.传播了责任　增进了沟通

5家出版企业发布社会责任报告的行动,其实也是他们传播责任理念的一种方式。这5家上市企业规模大、员工多、影响力强,单靠个别人、几个部门是无法完成社会责任报告编制工作的,需要建立一个高层负责、主要部门牵头、覆盖全企业搜集信息资料、各自明确分工合作、最后汇集资料完成编制这样一个组织架构。这个过程中会涉及很多人,需要对资料进行识别,需要与利益相关方进行沟通,从设计方案变成最后成品,编制报告的过程是对社会责任理念最好的宣贯和传播。与此同时,利益相关方的参与也能让其看到5家上市企业品牌经营、价值实现的过程,这种方式比单　做广告效果要来得更具体、更真实。因此,对这5家企业而言,编制发布责任报告也是一举多得。

5家企业发布的社会责任报告基本涵盖了出版企业的使命、职责、成绩、公益等信息,这种主动与利益相关方保持沟通的做法不仅赢得了更多的理解、信任和支持,也有利于发挥报告在利益相关方沟通、企业社会责任绩效监控中的作用,从而达到将报告作为提升社会责任管理水平的有效工具。更多的读者只能接触到图书或出版物,对出版企业并不了解,而这5份社会责任报告架起了企业与读者之间沟通的桥梁。

从历史来看,"中国境内的第一份企业社会责任报告可追溯至 1999 年,由壳牌(中国)公司发布。2006 年,国家电网公司发布了本土企业的首份企业社会责任报告。"①如果将 2009 年时代出版发布的社会责任报告认定为我国出版行业第一份社会责任报告的话,我国出版企业与壳牌公司、国家电网等企业相比,无论是发布的时间、次数还是质量都还存在一定差距。但无论如何,这 5 家出版上市企业已经在探索践行社会责任的道路上迈出了关键的一步,他们在报告中传达的信息为出版行业提供了参考,非常值得肯定。

作为党在意识形态领域重要的传播力量,这 5 家图书出版企业一方面在传播主流声音、建设先进文化方面不懈努力;与此同时也在践行和披露社会责任信息方面积极探索。这 5 份报告是星星之火,必将带动和影响更多的出版企业;这 5 家出版企业是出版责任践行阵营中的领跑者,他们的表率作用将大大促进整个出版行业的社会责任工作。

(二)5 份社会责任报告中存在的不足

我们是以一个利益相关方即读者的身份通过网络找到这 5 份报告,并对其进行反复研读,然后做出个人的理解和判断。我们认为报告存在以下几个方面的不足。

①　商道纵横编著:《全面认识企业社会责任报告》,社会科学文献出版社 2015 年版,第 51—52 页。

1. 获取便捷性不够好

社会责任报告是企业展示履行社会责任的重要载体,而企业官网既是企业向社会搭建的沟通桥梁,也是企业展示社会责任形象的重要窗口。因此,当下很多企业在高质量披露企业责任信息的同时,充分借助互联网传播速度快、可利用空间大、宣传成本低的优势,在企业官网正式发布社会责任报告,传播企业的责任信息、提升企业的品牌知名度。

除了网站发布报告,通常情况下企业纸质印刷版社会责任报告序言部分会增加"关于本报告"部分,其中显著位置会有类似"报告获取方式""联系方式"或"本报告有在线版和印刷版两种,在线版请登录本公司网站×××获取"等信息,便于读者获取报告。有的企业官网显著位置会设有社会责任专栏,或在企业文化栏目中放置企业历年的社会责任报告。

5家出版企业2015年度社会责任报告出处分析

企业名称	该企业官网是否能找到2015年度企业社会责任报告	在哪些网站能找到2015年度社会责任报告	从哪个年度开始发布报告
中文传媒	不能	全景网、证券之星、凤凰网、财库网	2015年度
中南传媒	不能	东方财富网	2012年度
出版传媒	不能	中财网、证券之星	2015年度
时代传媒	不能	证券之星、东方财富网、凤凰网	2008年度
凤凰传媒	不能	中财网、东方财富网、凤凰网	2013年度

在研究过程中,我们并没有在这5家出版上市企业官网的显著位置找到相应的社会责任报告及下载链接,深入二级、三级甚至四级页面时也未能找到相应的官方出处。中南传媒将已发布的2012—2014年度社会责任报告放在了企业概况下的"公民责任"栏目中,但是没有2015年度社会责任报告的相关信息。

作为重要的利益相关方之一,读者能直接看到企业社会责任报告印刷版的概率很小,大多要从企业官方网站获取企业原版的社会责任报告,这样,报告的真实性、可信度、准确性就会大大增强,避免产生误解。而本研究涉及的5家出版企业的2015年度社会责任报告,都是通过东方财富网、全景网等网站搜集而来。官方网站无法成为权威报告内容的原始出处,这无疑影响了读者对报告文本的信赖。

在搜集资料和调研中我们发现,我国其他一些行业的大型企业,不但自己企业网站上有中英文版的企业社会责任报告,有的还有常规版报告、简版报告、专题报告、国别报告、H5报告等多种形式,最简单的也会有一个Word版或者PDF版。有的企业编制的印刷版报告类似杂志一般,图文并茂、视觉冲击力强、便于反复翻阅,而且还值得收藏。由于这种印刷版制作成本高、传播范围有限,因此,企业只印制一少部分,更多的还是将这种印刷版报告的电子版放在自己企业的网站上,或者再加工制作一个网络版放在官网上,以便各界查询。

企业社会责任报告以何种形式与利益相关方见面并没有一定之规,但企业若有自己的官网却不利用这个平台,既是对这一成果的浪费,也是对互联网资源的浪费。我们发现,很多企业把社会责任报告发布在官网首页的企业介绍、投资者关系、公益事业、党群专题或企业文化之类的非经营性栏目中,读者很容易找到。

网络传播企业的社会责任报告,除了具有最广泛、最便捷、最直观、最生动、最低成本的优势,还有可与利益相关方进行互动的便利,5 家企业利用网络传播的力度还很不够,不便于读者直接从网络获取,这方面需要加以改进。

2. 内容可读性不够强

研读 5 家出版企业的社会责任报告,总感觉披露的信息中缺少读者感兴趣的内容。一般情况下国内外大型企业社会责任报告开篇部分首先是"董事长致辞"或"领导致辞"之类的栏目,先由企业主要负责人发布对履行企业社会责任的认识和践行的理念。这部分内容犹如餐馆里赠送的"开胃菜"一般,吊起了读者想知道更多内容的"胃口"。企业社会责任更多的是企业家的责任,企业主要领导人对社会责任的态度决定着企业履行社会责任的程度。一份企业社会责任报告中企业家的精神、企业家的责任担当、企业家对履行社会责任的决心,往往是打造一个有责任意识企业的核心动力,是报告中的一个亮点。而这 5 份报告中均看不到企业负责人对企业履行社会责任的态度和主张,缺少了读者非常关心的内容,也就缺少了最大的看点,这样的报告是不完整的。

此外,作为利益相关方,读者除了想知道出版企业履行经济责任时取得的主要成绩,还想知道出版企业在提供优秀精神产品的过程中是如何满足利益相关方诉求的；对政府、对员工、对读者、对作者、对社区履行了怎样的责任；是如何解决社会效益和经济效益之间矛盾的；是如何抵制低俗读物创造精品的；是如何净化出版市场打击非法出版物的；等等。此外，读者还希望通过社会责任报告了解出版行业与众不同的特点体现在哪里？希望通过有价值的责任信息了解出版企业履责的能力。而5份报告在内容提炼上普遍缺乏重点、泛泛而谈，不易给读者留下深刻印象。

在文献检索时，《近年我国"出版企业社会责任报告"问题分析》一文的作者对我国出版企业社会责任报告发布现状得出的结论是"我国出版单位发布企业社会责任报告的情况仍不具有普遍性，且即便在曾经发布过企业社会责任报告的出版企业中，仍有部分企业并没有做到每年都发布报告。因此，笔者认为，目前我国出版企业仍处于践行社会责任的起步阶段……时代出版传媒集团发布的2010年、2011年、2012年三年的报告明显采用同一个模板，内容重复率相当高，甚至出现了页码编码的错误，这些现象难免给人一种敷衍了事的感觉"①。

从社会责任概念引入我国，到现在已经达成共识开始探索，企业在学习的过程中逐步成长。至于什么样的社会责任报告最规范？似乎也没有标准答案，这一方面需要建立一个社会共同认可的评价标准，另一方面也需要企业拿出学习和探索的干劲不断创新。5家出版企业的社会责任报告论述诸如保障员工权益、关爱

---

① 陈霄栋、管曹梦茜：《近年我国"出版企业社会责任报告"问题分析》，《现代出版》2015年第2期。

员工身心健康这种核心议题时,只用了"公司通过全面深化改革,让改革发展成果更多惠及广大员工"这样的话一笔带过。作为上市出版企业在倡导绿色出版、保护环境、利用信息化手段节约纸张等绿色可持续发展方面的做法,有的点到为止,有的只字不提。

有学者这样解释社会责任报告到底应该说些什么。"一份成功的报告,不但要包含历史的信息,更应该尝试融入前瞻性的信息;不但要包含正面的陈述,更应该尝试以严谨规范的态度对所有相关信息做出客观而准确的表达;不但要包含企业希望传递的内容,更应该尝试从报告阅读者的角度出发,披露各利益相关方感兴趣的信息。"[1]从这个观点出发,5 份报告至少不是成功的报告。

3. 规范性程度不够高

出版业是"人脑+电脑"的轻资产行业,大型出版企业里文字功底扎实的优秀编辑人才比比皆是。虽然编辑书籍和编制报告是两回事,但相较于其他行业,出版企业更具优势。正因如此,读者对出版企业社会责任报告的文字编校质量充满了期待。

首先,5 份报告单文字表达总体质量尚可,但也或多或少地存在语句不通顺、标点符号应用不一致甚至错误等问题。例如,有的报告中有这样的表述:"显示在全国强劲的综合实力和影响力。""公司积极推动新媒体业务从动漫和电子书,向泛阅读、互动阅读、社交平台等领域扩展……""公司不断提高人才队伍建设水

---

[1]　商道纵横编著:《全面认识企业社会责任报告》,社会科学文献出版社 2015 年版,第 59 页。

平,为今后 5 年的发展做好全面动员和人才储备。"如果排除我们看到的版本不是"盗版"的可能性,类似问题不是特别严重或者也可勉强理解,但出版企业与文字打交道,精益求精还是非常有必要的,毕竟社会责任报告一年只编制一次,毕竟社会责任报告代表企业的形象。

发布社会责任报告已成为企业深化履行社会责任、积极主动与利益相关方沟通的载体和渠道,从未来发展趋势看,对社会责任报告的标准和质量要求会越来越高。出版企业无论立足国内发展,还是"走出去",都需要充分阐释社会责任理念,展示社会责任形象,提升履行责任能力,而发布的社会责任报告就承载着这些内容,在文字质量的把控上来不得一丁点马虎。

其次,报告没有站在读者需要的角度进行表达。前面我们已经提到,目前很多企业依据"三重底线"理论、"利益相关方"理论或者 ISO26000 国际标准等,在掌握了基本编制要素后再结合企业实际编制企业社会责任报告。但阅读这 5 份报告时有一种"被阅读"的感觉,更多的内容是站在企业自己的角度"倾诉",没有顾及读者的需要和感受。

我们在调研中也了解到,我国很多大型国有企业设有专门的企业社会责任部门,如社会贡献部、企业品牌部、社会责任部等,部门名称五花八门,但都是专人从事与社会责任相关的工作。而出版企业目前还很少见到有专门的部门和专门的人员从事与社会责任相关的工作,只是每年到了该编制社会责任报告时,临时从几个部门抽调力量,对相关的文字和图片进行编辑而已。这也许是报告编制从文字到形式都不够专业的主要原因。

4. 人文情怀还不够浓

一份企业社会责任报告不是一部小说,不能虚构内容,但这并不妨碍报告彰显出企业自身的人文情怀。就报告的结构而言,既有"规定动作"也有"自选动作",其中的"自选动作"部分留给报告无限的想象空间,如果能用独特的方式回答利益相关方关心的问题,就能凸显出一份报告的"温度"和"态度"。而从实际来看,目前出版企业的这 5 份报告大多是在板起脸来跟利益相关方对话。

我们在搜索文献时发现现代汽车企业社会责任报告中有这样一个页面:5 名笑得很开心的少年儿童趴在一辆汽车车顶上,孩子们的头顶有一行字:"现代汽车集团:通过创新性的思考和不断的挑战,成为实现人类的梦想的企业。"画面中简要介绍了这家企业向教育设施落后的贫困地区小学捐赠图书和体育用品等教育设施方面的内容,然后采用了流程图、数据图表等。

孩子们趴在一辆充满时代感的新型汽车车顶上畅想未来、孩子们高兴地看着企业赠送的书籍、孩子们在企业捐建的足球场和篮球场上锻炼身体等,这样富有感情色彩的表达,虽然文字不多,但胜过千言万语,让读者心底升腾起对有责任意识企业深深的敬意。

由于我们只搜集到了 5 份社会责任报告的 PDF 版和文字版,至于是否还有其他版本不得而知,所以只能看到其呆板的面孔,并感觉到企业站在自身立场上在自说自话。例如,有的报告中有这样的表达:"公司认真贯彻执行政府有关环境保护的法律法规,贯彻执行国家和地方政府有关环境保护、节能、资源综合利用的专用标准。公司全资子公司江西新华印刷集团有限公司旗下各企业均已通过 ISO9001:2008 质量管理体系认证和环境标志产品认证(绿色认证);包装印刷通过了 ISO1400、QC080000 环保体系……"

还有的报告这样写道:"一、坚持正确舆论导向和文化意识形态,为社会提供更多的精品出版物;二、股东和债权人权益保护;三、员工权益保护;四、供应商、客户和消费者权益保护;五、安全生产;六、环境保护与可持续发展;七、积极参与社会公益事业……"这种表达方式很难再让读者有进一步阅读下去的意愿。

我们还注意到,虽然 5 份报告篇幅并不长,但在表达企业开展的公益活动、扶危济困、获得嘉奖等方面使用了大量笔墨。有的报告这样表述:"全年共慰问困难职工 156 人次,发放各类慰问金 20 多万元,帮助处在困境中的员工和社会上的困难家庭,使其充分感受企业的温暖和社会的关爱。""2015 年公司荣获'2015 中国上市公司诚信企业示范标杆企业'和'2015 中国上市公司创新标杆企业 100 强'荣誉称号。充分说明公司的可持续发展得到社会各界的广泛认可。""积极承担社会责任,公司社会影响力进一步提升。"最温暖的话题却给人冷冰冰的感觉,这不能不说是报告的败笔。

其实出版企业履行社会责任体现在诸多方面,大到正确的出版导向,小到书中选用合理字号字体、环保纸张油墨、可持续的印刷原料以及增加数字出版、节约用纸等,还不能简单地把开展捐助和公益活动等同于企业履行的社会责任。出版企业宣传贯彻绿色、环保、可持续发展的理念也是在履行社会责任,只是传播时要用专业的语言、专业的方式进行专业的表达,才能起到应有的作用。企业社会责任报告的价值体现在内部管理和外部沟通上,不仅仅是把文字理顺就可以了事的简单报告,而是要让读者有想读的愿望,读后感觉有趣,读完能留下深刻印象。目前5家出版企业要想全方位、透明、高质量反映企业社会责任信息,还需专业力量介入,为企业编制社会责任报告提供支持。

我们承认,如果单纯以产值、利润、规模等论英雄,那么我国出版行业的社会地位恐怕是没法与有些行业相提并论的,而且出版企业介入社会责任领域的时间不长、经验不丰富、认识水平和经济实力有限;但我们也必须同时承认,在文字表达上出版企业是有优势的,如果能让出版企业履行的社会责任看得见,让看得见的责任有形象、有温度、有力量,作为文化战线的主力军,出版企业的社会贲任报告在完成责任信息披露的"规定动作"之外,我们的报告是否还可以有一点文采、有一点情怀呢?

(三)对出版企业的建议和意见

1. 希望更多出版企业能自觉发布社会责任报告

近年来在我国政府、资本市场、媒体、各类组织等多方力量的推动下,发布社会责任报告的企业数量在不断增加,尤其是上市企业已成为发布社会责任报告的主要力量。但我国15家上市出版发行企业中只有 5 家企业发布了 2015 年度社会责任报告,这个差距还是比较明显的,希望更多的出版企业尤其是上市企业都能够自觉发布社会责任报告。

目前,我国很多企业已开始用社交化、互动化、移动化等方式集中向社会发布企业履行经济、环境、社会责任信息,而出版企业社会责任报告的质量处在起步阶段,希望出版企业不要等待和观望,要认清未来发展趋势,拿出决心和信心,努力缩短与其他行业在发布社会责任报告方面的差距。与此同时,出版企业还要认真对待报告的发布方式,无论是选择辐射面较广的网络渠道、手机等移动终端,还是选择接近消费者的终端平台,都要尽可能与利益相关者保持畅通的沟通,毕竟自说自话是一种没有价值、自娱自乐的无效表达。尤其在中国出版走向国际市场的今天,出版企业需要以国际通用的规则和标准与世界接轨。

2. 希望更多出版企业以高标准规范发布社会责任报告

2016 年 11 月 2 日《中国新闻出版广电报》发表题为《2016 年出版传媒上市公司上半年经营情况分析报告》,对包括中南传媒、凤凰传媒、中文传媒、时代出版、出版传媒 5 家上市公司 2016 年上半年的营业收入、净利润等情况进行了分析,其中净利润比 2015 年同期增幅情况是:中南传媒 6.84%、凤凰传媒 14.34%、中文传媒23.91%、时代出版 1.86%、出版传媒 90.14%。① 从以上这组数

---

① 国家新闻出版广电总局规划发展司:《2016 年出版传媒上市公司上半年经营情况分析报告》,《中国新闻出版广电报》2016 年 11 月 2 日。

据足以看出,5 家上市出版企业利润都处在增长状态,编制好一本企业社会责任报告应该是具备经济能力的。5 家上市出版企业发布了 2015 年度社会责任报告,还会接着发布包括 2016 年度等很多的社会责任报告,希望今后态度上再重视一点、行动上再积极一点、措施上再得力一点,拿出编辑出版精品书的态度去编制一本能与企业自身实力相称的高质量的社会责任报告。另外,社会责任管理是常规管理,希望企业能把公共事物的管理作为核心部门的一部分,设专人和专门的部门,以专业的水准对待责任管理工作。当然,出版企业全面提高社会责任报告水平,更仰赖企业领导人的支持。如果企业内部倡导并建立了以企业家精神为核心的社会责任理念,领导积极、主动带头宣贯和践行社会责任,并把企业的经营管理与社会责任高度结合,相信出版企业社会责任报告编制质量迈上新台阶指日可待。

3. 希望更多出版企业社会责任报告再多些实质性内容

2015 年度的 5 份报告中,陈述财务绩效、公司治理与战略、公益活动等内容相对多一些,而对企业管理、开展的活动与社会责任之间的关联、对自身履行社会责任不足和未来如何改进的认识、利益相关方的参与以及企业可持续发展的关键性议题披露得少。希望今后报告中能聚焦核心议题,多一些实质内容。例如,"倡导全民阅读,建设书香社会"在 2015 年召开的第十二届全国人民代表大会第三次会议的政府工作报告中被提及,这是继 2014 年政府工作报告中提出"倡导全民阅读"后第二次将全民阅读写入政府工作报告,相信这5家出版企业在倡导全民阅读、建设书香社会方面已经做了很多有意义的工作,而2015年度社会责任报告中看不到"建设书香社会"相关方面的具体案例,希望这些企业在2016年度报告中更加关注行业和企业的焦点、热点。

此外,5家企业的责任理想、责任机制、责任组织体系、责任沟通机制、责任方向等内容还需加强。建议今后的报告以更加诚恳的态度、明确的原则、清晰的标准、规范的流程、透明的方式表达企业履行的社会责任信息,尤其是增加一些关键绩效指标的历史数据、对比、分析等内容,以此增强投资者的信心,满足读者对企业全面了解的需求。

当然,履行社会责任与及时发布企业社会责任信息是不可分割的整体,发布社会责任报告不仅仅是披露企业对履行社会责任现状、规划、措施等具体做法的表达,还能通过建立这种沟通机制增进了解和理解,回应关切,接受监督。对企业来说,通过发布社会责任报告还能进一步增强员工的责任意识。因此,如果企业在履行社会责任方面做了但不说,或者不做光说,甚至只把功夫下在"说"上,都是不可取的。一份高质量的社会责任报告应达到社会对企业的评价和企业自我的评价相一致的境界。

4. 希望更多出版企业社会责任报告适度披露负面信息

企业履行社会责任的过程艰辛而漫长,无论多么优秀的企业在践行责任的过程中或多或少会存在不足,因此,企业社会责任报告不能不提及自身做得还不够好的地方。其实,在报告中适度做一些反省,不但不影响企业的形象,甚至还会对企业社会责任的全面提升有所帮助。近些年数字出版对传统出版企业造成很大冲击,传统出版企业在转型融合发展过程中遇到了很多困难和挑战,适度披露一些企业在这方面遭遇的困难以及应对的措施,这对社会各界了解和理解出版企业也是十分有帮助的。

5.希望出版行业尽快出台社会责任报告编写指南

我们在调研中了解到,我国很多行业已相继出台了企业社会责任报告编写指南、指引等,帮助企业以更加透明的方式及时、准确地向利益相关方披露履行社会责任的信息。例如《中国企业社会责任报告编写指南之电力生产业》中就包括了电力生产产业社会责任、报告特征与趋势、议题、报告全生命周期管理、报告质量标准以及电力企业的社会责任报告案例等内容。指南还推出报告编写软件,以便于企业在编制报告时参考使用。

我们认为,5家上市出版企业社会责任报告质量不尽如人意,与出版行业缺乏社会责任报告编写指南有一定的关系。希望在出版行业主管部门的倡导和相关社会组织的共同推动下,出版企业社会责任报告编写指南能够尽快推出,为塑造良好的出版企业形象助力。另外,出版企业社会责任报告第三方审验证明以及社会责任信息审计制度尚未建立。这些问题需要引起出版行业主管部门的高度关注。

总之,出版企业编制社会责任报告也有个成长、成熟的过程,尤其是对第一次发布社会责任报告的企业更不能有过多的苛责,但企业要以更高的标准要求自己并努力向规范化、专业化看齐。必要时也可借助社会专业力量,强化和培训相关工作人员,促使企业社会责任报告以更专业、更规范的方式表达。

　　一份高质量的社会责任报告是企业践行社会责任的缩影。对5家上市出版企业社会责任报告的剖析中,我们提出的批评似乎多于肯定,但目的并不是要熄灭出版行业的星星之火,或是助别人的威风毁自己的士气,而是希望5家出版企业认识到差距,努力进行改进。我们既是普普通通的读者,也是上述企业的利益相关方,更是对社会责任这一重要议题进行持续关注和深入探讨的研究者,今天我们对5份报告给出以上的分析,一定还存在这样或那样的不足,但我们的初衷则是:渴望看到一份份能代表出版企业实力与水准的社会责任报告。

　　我国著名出版人聂震宁先生曾就出版社如何做精品书发表文章,他认为出版社能不能出精品书,态度决定一切,归根到底是境界问题。他说:"要做精品书,编辑、出版人一定要有强烈欲望。我不想用'愿望'这个词来描述一个做精品书的编辑和出版人,'愿望'一词尚嫌绵软,'欲望'一词庶几能表达我们内心的紧张和冲动。"

　　5家出版企业是出版行业有实力、有影响力、有责任担当的企业,更是出精品书的大型企业和主要力量,希望他们把做精品书的"欲望"和"冲动"移植到做企业的社会责任报告上来,相信下一个年度的社会责任报告就会生动许多、翔实许多、精彩许多。期待着这5家出版企业以及更多的出版企业在发布2016年度社会责任报告时,都能拿出一个与企业自身实力和履行社会责任能力相匹配的、让广大读者心悦诚服的企业社会责任报告,为促进企业责任管理、提升企业价值作出贡献。

第 五 章

我国第一家发布社会责任报告的
单体出版社社会责任实践纪实

  社会科学文献出版社(以下简称"社科文献")近年来积极践行社会责任并连续发布报告,借助履行社会责任逐步进入国际上通行的学术出版话语体系之中,在提升了企业各项管理水平和竞争力、转变了与利益相关方沟通方式的同时,还大大增强了员工的社会责任意识。

  社科文献不是上市公司,无论上级主管单位还是行业管理部门,都没有对其提出任何发布社会责任报告的要求,但他们从2013年开始,连续3次高质量发布企业社会责任报告。编制社会责任报告需要投入人力、物力、财力;发布报告还要接受方方面面的监督和评议,这种在一些出版企业看来"费力不讨好""可做可不做"的事情,社科文献却干得很认真、很专业,他们的实践为我国出版行业社会责任工作提供了宝贵的案例。

一、"走出去"路上结缘社会责任

社科文献成立于 1985 年,是直属于中国社会科学院的人文社会科学专业学术出版机构。这家企业依托中国社会科学院丰厚的学术出版和专家学者资源,坚持"创社科经典,出传世文献"的出版理念和"权威、前沿、原创"的产品定位,走上了智库产品与专业学术成果系列化、规模化、数字化、国际化、市场化发展的经营道路,取得了令人瞩目的成绩。

围绕着"中国学术出版",社科文献出版了一大批既有学术影响又有市场价值的系列图书和产品,形成了较强的学术出版能力和资源整合能力。已有 30 多年历史的社科文献将社会责任理念纳入企业的战略管理并融入日常运营,有步骤、有计划、系统地推进企业社会责任工作,走出了一条有自身特色的履行社会责任之路。

20 世纪末,社科文献响应国家"走出去"战略号召,准备向海外推广皮书系列,当时国资委不断强调国有企业要认真履行社会责任并发布社会责任报告,上交所、深交所等也在强化对上市企业披露责任信息的要求,由此,他们意识到,经济全球化的进程中企业之间的相互依存度会越来越大,未来没有哪个企业可以只顾自己赚钱而不承担应尽的社会责任。于是,他们较早就开始关注国家对国有企业履行社会责任的具体要求,并开始筹划把社会责任的理念与社科文献的发展对接起来。

社科文献接触到的第一个国外企业是国际著名学术出版机构荷兰博睿（Brill），这家企业有一整套成熟的价值理念和十分严格的学术规范，但社科文献在这两方面都与他们存在很大差距，因当时双方不在同一个话语体系中，合作最终成为泡影，这件事情对社科文献人的触动很大。

进入 21 世纪，社会责任理念被我国国有企业普遍接受并在社会责任实践方面成绩非凡，与国际合作交流中共同语言越来越多，接轨的程度越来越高，但社科文献依然对什么是出版企业的社会责任，如何将社会责任的理念与企业发展结合起来，编制社会责任报告的意义何在，如何编制出版企业社会责任报告等一系列问题一无所知。

这种差距引起了社科文献人深深的思考：融入全球出版领域，必须要引入国际先进的社会责任理念并以此来推动企业各项事业的发展，无论这条路多么难走，社科文献必须迈开步，不能再等待和观望了。于是，社科文献召开动员会，先从统一员工的思想认识入手，让大家充分认识到与其他行业企业最大的不同在于，出版企业生产的产品具有物质与精神的双重属性，生产的是一种能影响人们道德观和价值取向的重要而又特殊的精神产品；出版企业生产的出版物必须符合社会公德，必须有利于促进社会文明程度的提高；社科文献要做一个有社会责任的出版企业，社科文献的编辑、工作人员首先要具有高度的社会责任意识和担当精神；虽然社科文献在发展过程中也存在诸多挑战，但只有致力于高质量、有价值的学术出版,才能在竞争激烈的市场中获得生存和发展的空间,而要做到这些,必须加快与国际通行的社会责任标准接轨的步伐,并以此为契机打造一个有强烈社会责任的出版企业。就这样,社科文献在"走出去"路上结缘了社会责任理念并开始孜孜不倦地进行探索。

二、清晰责任理念　迈出实践步伐

2012年年底,社科文献在确定未来一年主要工作目标时决定,今后每年要编制企业社会责任报告并以此逐步清晰责任理念、提升责任管理水平。

2013年3月,社科文献正式组建企业社会责任报告课题组,出版社内有社会学专业及相关背景的员工成为主要编撰者,市场部、人力资源部、皮书评价研究中心等为主要配合部门。课题组成员先从学习《中国企业社会责任报告编写指南(CASS-CSR2.0)》《社会责任与ISO26000国际标准解读》等相关书籍入手,并对十几家国内外大型企业的社会责任报告和具体实践案例进行调研和剖析。在对社会责任理论和体系以及国内优秀案例有了清晰认识之后,课题组开始研究出版行业的社会责任与社科文献实际对接的问题。

经过认真的学习、热烈的讨论和深入的调研,课题组对相关要求有了认识,对关键利益相关方是谁有了识别,对相关指标的内容和界定有了清晰认识,对有些数据进行了收集和查询,所有准备工作就绪后进入编制阶段。

编制一份社会责任报告与编辑图书不同,报告是要将企业一个阶段中履行社会责任的理念、战略、方式以及企业经营活动中对经济、环境、社会等造成的直接和间接影响、取得的成绩、存在的不足、今后的改进思路等进行梳理总结后向利益相关方披露,做好这项工作,对课题组成员充满了挑战。社会责任报告初稿确定后他们多次听取业内外专家的建议和意见,经过反复修改,社科文献历史上第一部社会责任报告终于完成。

社科文献首份社会责任报告第一部分是高管致辞栏目,社领导代表全体员工表明对履行社会责任的认识和态度,充分表达了社科文献要坚定不移地把履行社会责任的行为融入出版社发展中的决心和信心。第二部分是对社科文献企业概况的介绍,主要回答"我是谁"的问题。第三部分是社科文献企业社会责任管理方面的内容,包括愿景、战略、组织管理架构、管理流程设计以及利益相关方沟通参与等内容,社科文献的核心价值观也借此作了系统梳理。第四部分阐述了社科文献社会责任实践的路径问题,提出要为行业、为学术、为读者/客户、为伙伴、为员工、为环境、为社会(即"七为")所做的工作,确定了未来具体的奋斗目标。最后一部分是附录,主要由关键绩效数据、荣誉与奖项、2013 年企业社会责任展望等内容组成。

2013 年 12 月 2 日,社科文献召开中国出版企业社会责任研讨会暨《社会科学文献出版社企业社会责任报告(2012—2013)》

发布会,隆重推出他们第一份真正意义上的企业社会责任报告。发布会上,课题组负责人畅谈了编制首部社会责任报告后的三点体会:第一,更加深刻地认识到作为学术出版社在人类文明的传承以及学术成果传播方面所肩负的重大责任。第二,对出版行业的特殊性有了深刻理解。第三,对企业社会责任、出版行业社会责任和社科文献的社会责任有了更加全面的理解和认识。同时也谈到由于出版业缺乏相应的社会责任报告编制指南,给编制报告带来的一些困难。

在发布会上,与会的业内外专家、学者对社科文献发布社会责任报告的行动给予高度肯定,中国新闻出版研究院魏玉山给出的评价是:"社科文献企业社会责任报告为我们在新形势下认识出版单位提供了一个新的参照,一个新的视角,更加充分、更加全面地反映出一个社会组织在社会中的全面的贡献情况,这是我们对出版单位社会定位的一个新的认识高度。"

社科文献第二份(2013—2014)社会责任报告完成编制后,他们主动委托中国社会科学院经济学部企业社会责任研究中心进行评级。中国企业社会责任报告评级专家委员从报告的过程性、实质性、完整性、平衡性、可比性、可读性、创新性等方面进行综合评级,最后给出的评价意见是:"《社会科学文献出版社企业社会责任报告(2013—2014)》为四星半级,是一份领先的企业社会责任报告。"

2015 年是社科文献的而立之年,为纪念出版社成立 30 周年,他们精心打造了第三份也就是 2015 年度企业社会责任报告。报告内容较以往更加丰富,以2015年度出版社举办的一系列致敬活动为主线,充分表达了社科文献对各利益相关方多年信任和支持的感恩之心。

社科文献连续3次编制和发布社会责任报告并在出版社内广泛进行宣传,这样做使得企业的责任理念深入人心,责任目标更加清晰,在他们看来,如果一个企业不能为人类进步以及所在行业作出贡献,也就无法承担起企业所对应的社会责任。因此,他们积极践行社会责任,用心编制社会责任报告,以期对自身、对行业、对社会都有所贡献。

三、在社会责任语境下传递责任信息

社科文献坚持这样一个观点:企业必须追求利润,但在实现利润最大化的过程中不能忘记肩负的社会责任,要站在道德的高度审视企业自身的成长方式;社科文献之所以自觉发布企业社会责任报告,也是为了审视并约束自身的行为,在要利润还是要责任面前保持清醒的头脑,要把自觉履行社会责任变成社科文献的一种社会自觉。既然要发布企业的社会责任报告,就不能有应付或作秀的心态,而必须按要求去做,要在社会责任的语境下传递企业的责任信息。

基于这样的认识,社科文献从一开始就注重建立规范的适合企业自身的责任机制和责任管理体制,严格按照全球契约十项原则、ISO26000 社会责任国际标准指南等规范和专业地编制报告，力求每一次都有所长进、有所创新。他们还根据自身的实践，按照PDEI（Plan-Do-Evaluation-Improve）的管理模式，有效开展了企业社会责任风险识别工作，制定目标、指标和管理方案，落实各项流程的执行，运用内部审核等方法寻找持续改进的机会。如今，社科文献初步规划制订了企业社会责任报告风险评估机制并优化了企业社会责任管理体系。今后社科文献还将加强和扩大在企业社会责任方面的投入和范围，努力构建适合出版行业的企业社会责任指标体系，从而推动整个出版行业的企业社会责任工作。

社科文献虽然发布报告的次数只有 3 次，但进步可圈可点，这一方面得益于他们从一开始就按要求规范操作，另一方面也得益于他们对企业社会责任实质意义的理解一步步加深。每份报告都有"七为"的内容，其中"为行业"的内容每年都有新变化，他们立志要做行业典范，为促进整个出版行业的发展肩负起更大的责任、作出积极的贡献。

随着社会责任理念的深入和实践的增多，社科文献在责任管理方面日臻成熟，他们意识到社会责任报告必将成为出版社对外信息披露的重要方向。如果说"什么是社会责任报告"是他们走过的第一步，"如何编写社会责任报告"是第二步的话，现在他们已经走到第三步即"如何发挥社会责任报告的作用"。对外，他们通过社会责任报告展示企业良好的责任形象以赢得利益相关方的认可；对内，他们通过社会责任报告影响和要求每一位员工做有责任感的人。

社会责任报告年年编制,怎样才能编制出新意? 这也考验着社科文献人。在已发布的 3 份报告中,有些延续性的内容作了进一步的完善,有些框架中与时俱进地补充了新内容,有些不足之处及时进行改正,无论是继承还是创新,他们都力求用社会责任的语言来编制社会责任报告。通过这几年的责任实践,他们提炼出了"用心、专业、创新、共享"的社训,坚持不懈地为学者和读者提供最快捷、最优质、最专业的服务,把敬畏学术、尊重作者、感恩社会、服务客户、友爱员工、扶助贫弱的行动付诸企业社会责任的具体实践中,将企业的奋斗目标与社会责任的理念紧紧结合起来,既传承了企业优良的传统,又强化了员工的社会责任意识。

四、携手各方追求可持续发展

社科文献坚信,有效的沟通是企业的重要社会责任,因此,他们举办"图书馆资源建设学术交流论坛",肩负起为图书馆、馆配商与出版社三方搭建学术交流与业务沟通平台的社会责任;他们呼吁每一位中国公民都能够充分利用图书馆提供的内容资源与服务,多读书、读好书。他们还通过内容形态的转换向社会各界传播人文社会科学的优秀学术成果,借助新媒体上传新书图文资讯及沙龙、研讨会等各类活动信息。他们还深入图书馆一线了解需求,搭建馆配信息管理系统平台,建立顺畅良性的沟通渠道,为图书馆尤其是高校馆藏资源建设提供服务与支持。2015 年下半年,社科文献官方网站改版,新版网站增加了手机端的适配器,全面升级服务功能,更好地服务读者,更全面地履行社会责任。

社科文献社会责任报告"七为"之一是"为员工"。社科文献把尊重员工、信任员工、培养员工、提升员工、激励员工、理解和关心员工看作履行社会责任的重要组成部分,他们致力于让每一名员工在这个组织中能够有实现自我价值和理想的希望和机会,为员工打造事业发展平台、良性竞争平台、优质管理平台、服务平台和员工幸福平台,让员工和出版社共同绽放光彩。

社科文献拥有一支年轻的员工队伍,为了提高员工素质尤其是年轻编辑的业务素养,企业经常举办各种编辑业务培训活动,其中会重点强调编辑要有担当的意识和自觉承担社会责任的精神。为了降低出版、印刷发行过程中的能源消耗及碳排放,社科文献选用了环境友好型的生产工艺,采用环保印刷材料、环保油墨,减少胶片用量、使用经过绿色认证的材料等,最大限度地让每一个生产环节都环保,让每一本图书都成为绿色印刷品。

在社科文献办公场所中随处都能看到类似注意节约用纸、用水、用电等温馨提示,每一年的社会责任报告中还会把这一年全体员工人均用水、用电的数量统计出来,目的是让每一位员工知道自己对能源的消耗状况,了解进步或者不足,从而更加自觉地约束自己的行为,通过这些细节把绿色理念传递给了每一位员工。

在图书生产上倡导绿色出版,践行低碳;在日常生活中倡导节约资源,教育员工保护环境以应对人类共同面临的环境挑战。社科文献站得高、看得远、干得实,他们用可持续发展的理念和举措深深地影响着员工、改变着员工,同时也塑造出绿色环保出版企业独特的责任气质。

五、做合格的受人尊敬的企业公民

2015 年度社科文献社会责任报告"领导致辞"栏目中有这样一段话:"一路走来,社科文献专注于中国学术出版,用专业精神书写着一个企业公民在知识服务与学术传播道路上的奋斗历程。"

美国波士顿学院企业公民研究中心对企业公民给出的定义是:"指一个公司将社会基本价值与日常商业实践、运作和政策相整合的行为方式。一个企业公民认为公司的成功与社会的健康和福利密切相关,因此,它会全面考虑公司对所有利益相关人的影响,包括雇员、客户、社区、供应商和自然环境。"

从"企业是以营利为目的的组织"到"企业是社会中的一个公民",社科文献对自身的定位随着责任意识的加强也在不断地转变,企业组织和公民个体都是社会的组成部分,都需要承担作为公民应该承担的社会责任。

为了做好"企业公民",社科文献强调"专注"和"专业",他们希望专注于学术出版并有所建树,同时也力求在履行社会责任方面做得专业。这些年编制社会责任报告,他们在核心议题、报告架构、编写方式、报告版式设计以及发布形式等方面都用专业水准要

求自己,不断探索,不断创新,力争展示一个合格企业公民的良好
形象。第一份报告的主题是"努力实现人文社会科学成果价值最
大化";第二份报告主题是"智慧出版　守望学术";第三份报告主
题是"感恩三十年　共筑出版梦"。相比 2012—2013 年度的首份
社会责任报告,2013—2014 年的第二份报告中增添了大量数据与
案例,并适当增加了数据对比。第三份也就是 2015 年度报告中对
企业自身的发展战略、核心价值观及责任管理的认识更加系统、深
入,增加了丰厚的实践案例,在文字的表述、图片的选择等方面更
加精益求精。2015 年度报告中梳理出"2015 年关键词",通过这
些内容,读者对社科文献这一年度的主要成绩一目了然。与此同
时,在"七为"的"为客户/读者:推进全民阅读"部分,全面介绍了
社科文献利用多种手段为推进全民阅读所做的具体工作,利益相
关方通过阅读这些内容,对社科文献作为"企业公民"的所作所为
有了全新的认识。

为了便于利益相关方更好地了解社科文献履行社会责任的内
容,他们还在报告的表现形式上设计了 H5 等样式,增加各板块的
二维码,以满足移动互联网时代读者的不同需求。

正如人无完人一样,社科文献也承认自身存在诸多不足,因此
他们在社会责任报告中也披露了诸如"员工流失率"等负面数据
信息,以增强报告的平衡性。

2016 年年底,社科文献领导在接受作者访谈时说:"社科文献
以履行社会责任为切入点,希望建立与国际上倡导的社会责任理
念和标准接轨,赢得在国际出版舞台上的话语权,用世界上都能听

得懂的语言和规则讲中国故事。发布社会责任报告虽不是万能的但一定是有用的,社科文献高度重视践行企业社会责任,要继续深化和谐发展的理念,持续打造让员工和社会满意的出版机构。"

截至 2016 年年底,社科文献依然是我国唯一一家发布企业社会责任报告的单体出版社,他们希望今后有更多的出版企业积极行动起来,大家一起共同努力,在践行社会责任的道路上携手前行。

附　社会科学文献出版社 2015 年度企业社会责任报告（节选）

出版社愿景、使命、战略与核心价值观

愿景

致力于成为具备独特竞争力的人文社会科学内容资源经营商和海内外知名的专业学术出版机构,做有梦的学术出版人,做令人尊敬的学术出版社。

使命

关注学科前沿,聚焦学术出版,服务学术研究,弘扬学术经典,传播学术思想,打造人文社会科学内容资源整合与推广平台。

战略

立足专业化、数字化、国际化,全面实施学术资源整合能力、学

术产品生产能力、市场营销能力、数字出版能力、国际出版能力等学术出版五大能力建设,积极推进人力资源工程建设。

学术资源整合能力	• 与国内外人文社会科学领域科研机构广泛深入合作,聚拢学术机构和学者,搭建学术平台,着力打造学术共同体,加大社内学术资源进一步整合和开发的深度与广度,丰富出版社以八大产品群为核心的内容资源。
学术产品加工能力	• 严格遵守学术编辑制度,以学术出版规范提升学术出版准入门槛;用现代出版理念和要求,以及最先进的信息化装备的软硬件环境,加工高品质的学术出版物。
市场营销能力	• 通过品牌提升、渠道深耕、客户服务、信息沟通,传统市场营销与社会化媒体营销相结合,形成一套新型营销模式,提供快捷高效的推广服务。
数字出版能力	• 全面推进信息化与数字出版深度融合,实施出版社整体数字化转型战略,用数字思维改变传统工作模式,以信息技术挖掘潜在内容价值,打造智慧型出版社。
国际出版能力	• 依托出版社优势学术资源,广泛开展多种形式的国际合作,搭建中国学术国际传播平台,增强中国学术话语权。
人力资源工程建设	• 合理配置人力资源,专业人才引进和培养工作并举,以完善的人才发展通道和薪酬体系,形成合理的人才竞争和激励机制,推进人力资源信息系统建设。

核心价值观

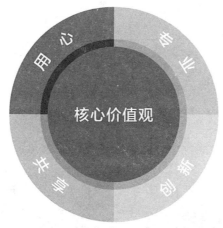

用心

我们心怀对学术的敬畏之心,尊重学者,恪守学术出版的专业精神,坚持"权威、前沿、原创"的产品特色,努力树立当代中国学术出版的典范。

专业

我们倡导学术出版规范和高效的流程管理,以科学严谨的制度严格把控出版质量;我们致力于培养和构建专业编辑队伍,提升学术著作出版水平。

创新

我们关注学术前沿,推动科学发展,整合学术资源,促进学术繁荣;我们秉持科学发展、改革创新的理念,深化体制机制创新,坚定不移地走专业化、市场化、数字化、国际化发展道路。

共享

我们坚持为中国经济与社会的繁荣发展提供决策咨询服务,精心打造权威信息资源整合平台,营造作者、读者和出版人共同的学术家园;我们以人为本,提倡快乐工作、阳光创业,员工与出版社共享发展成果。

CSR 组织架构

CSR 管理体系建设

我们按照 PDEI(Plan-Do-Evaluation-Improve)的管理模式,有效开展企业社会责任风险识别工作,制定目标、指标和管理方案,落实各项流程的执行,运用内部审核等方法寻找持续改进的方法。

2015 年,在上年度制定的 CSR 风险评估机制和管理流程的基础上，我们进一步推进并优化了 CSR 管理流程。

后　记

　　2016年上半年,北京印刷学院为做好中宣部出版局"图书出版单位社会效益评价指标体系的构建与应用研究"的课题,组成了以学校党委书记刘超美为课题组组长、学校科研处原处长陈丹为副组长,学校出版学资深教授为主要成员的强大科研团队。课题组曾深入几十家图书出版企业调研,很多出版单位在谈及社会效益问题时自然提到了出版企业的社会责任话题,认为应该大力倡导我国出版企业积极关注社会责任理念,并定期发布企业社会责任报告。

　　同年下半年,圆满完成中宣部这个课题后,学校领导一鼓作气,专设了一个课题,支持我们继续深入研究我国出版企业社会责任及报告发布现状。这个课题也是学校新成立的中国编辑学研究中心承担的第一个课题,课题的形成和结项也将鼓励中心今后把我国新闻出版领域社会责任及报告发布的研究工作作为一个重点项目深入研究下去。

　　在近一段时间里,我们反复研读了社会责任方面的文献资料和书籍;走访了国内社会责任学研究及社会责任报告编制领域有成就的专家、学者以及组织和出版企业；参加了许多与社会责任有关的培训和学术会议，在进行了深入研究之后，把一些初步成果编写成这本书。

在较短的时间内就完成了《我国出版企业社会责任报告研究》一书，时间有点仓促，内容还很肤浅，观点和论据还有推敲的余地，但 2017 年上半年我国一些上市出版企业将发布 2016 年度社会责任报告，我们希望这本书能对这些单位有所帮助，哪怕这个帮助微乎其微。当然，如果读者对这本书的表述和观点有批评和质疑，我们愿意虚心接受并深入沟通，我们将在此基础上围绕社会责任及社会责任报告，展开进一步的研究，并不断完善和深入我们的研究工作。我们希望能对促进我国出版企业社会责任及报告发布工作尽一份绵薄之力。

在编写这本书的过程中，北京印刷学院党委书记刘超美、数字出版与传媒研究院院长郝振省、科研处原处长陈丹等领导给予我们具体指导，还得到了多家出版企业的大力支持。在社会责任研究领域有见地的专家、国务院参事蒋明麟也给予了悉心指导。同时，康培培、王艳、林楷、张雪娇、吴懿伦等同志参与了文献搜集和部分章节的起草工作，在此，一并表示感谢。当然，也要感谢人民出版社编辑老师为此书付梓所付出的辛勤劳动。

我国出版企业在履行社会责任的征程上还有很长的路要走，我们愿与他们结伴远行。愿我们一起努力，愿我们一起进步。

2017 年 3 月 16 日